小樹系列

Little Trees

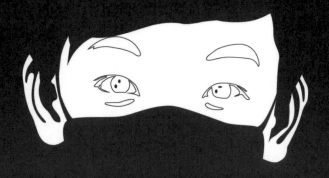

# 魔法口罩
# @未來事件簿

林幸惠 —— 著

# 請讓我說個真實故事好嗎？

　　第一次在傳統市場，遇到一位沒手沒腳坐著輪椅、滿頭灰白頭髮的阿伯，用手臂托著籃子賣玉蘭花，看起來有點心不忍，但是我並不喜歡花，於是想到一招，買了一些，請他帶去隔壁的土地公廟供奉，請他感恩土地公保護社區平安，並請土地公保佑他自己健康。他有點驚訝，一直要我的名字好去登記，我沒給他。後來每次遇到他，我都會買一些，請他再送去。

　　但有一次，豔陽高照，我再看到他時，他汗流滿面，苦著臉，看起來在烈日下賣花很是吃力，於是我問他，經濟有困難嗎？也許可以找慈善團體幫忙，就不用在烈日下賣花，這麼辛苦。他說他生活不缺錢，他有許

多的補助費，很夠用了，他只是缺少快樂，所以來這裡賣花度日比較好過。我想到一句話：「助人為快樂之本」，於是勸他，你若能在這裡幫忙需要幫助的人，你就會找到更多的快樂，他說：「我沒手沒腳能做什麼？這不可能的啦！」這時候，正好旁邊的攤位有位婦人打著電話說：「你快點來好嗎？我想去洗手，沒人幫我顧攤位。」霎那間，阿伯看了我一眼，好像醒過來般，很快速地滑著輪椅過去對那婦人說：「放心，妳去吧，我可以來幫妳顧。」

「阿伯你好有愛心！」我讚歎他，他居然說：「跟你學的！」

幾星期後，我去傳統市場又看見了阿伯，依然托著籃子賣花，他笑容滿面，到處跟人打招呼，還有人要約他吃中飯。

「阿伯，我要買花，請幫我……」我話都還沒說完，他馬上回說：

「我賣剩的花也都自己送去土地公廟啦，妳不用再花錢了。」

「咦？那你找到快樂了嗎？」

「是啊！大家都那麼喜歡我，我怎麼能不快樂呢？」
於是指給我看輪椅上掛滿的水果、麵包、還有其他用
品：「都是人家主動給我的。」

「一定是你經常幫助別人的回報喔！」

「是啊！人是互相的啦！我現在才知道，誰都有能
力可以幫助別人，不預設立場，重要的是去做，土地
公也會保佑啦！謝謝妳，託你的福喔！」

他選擇相信了，助人為快樂之本，而且付諸行動。

這世界，是由心所造成，一切都應能心想事成，尤
其在我們為現實發愁、痛苦不堪的時刻，改變心意，
改變態度，應該就能改變一切，而且結局常是無法預
料的，這是真的。

選擇比什麼都重要，心相信了，才有機會給生命選
擇希望，相信了就會變成我們真實的際遇，不然試想
一下，當心中有煩惱時，是否滿眼都是煩惱？禪宗的
風動幡動，也是一切都取決於心。改變自己，改變世
界，都要從心開始。

現在整個世界，變得很不一樣了，彼此都戴著口罩，看不清對方，說不清楚，不能暢快呼吸，這樣是否會增強心智的力量呢？試想口罩的掛耳線，是否就是連結天機的聽筒線呢？那樣神奇的連線，我相信它有作用，不易被煩塵所干擾，想像一下，不信請看本書的魔法口罩。

　　本書是想跟讀者分享：即使是不起眼的善行，也可能因此避掉一場災禍；即便是未來既定的事件，也可能會有例外發生。問題總有不同的角度與可能性，只要秉持善的心念，相信一切懷疑終將消失。我們再也不會聽見：「這不可能發生！」

事件

# 1

## 怪阿伯・口罩・筆記本

在雨水滿注的溪流河岸，穿越陽光下的樹林和濕潤的綠色曠野，一人一狗如往常高高興興地邊走邊跑在河堤邊，小狗來福好奇又興奮的想去搭訕，卻嚇到了別人家的人與狗，主人小樹勸告來福不要太熱情，帶著來福向對方道歉，也包括對狗說：「不好意思我家來福太熱情嚇到你，但是牠沒有惡意，只是想交朋友喔！」很神奇的居然大家都意會了，兩狗馬上轉為和平的親暱摩蹭。

小一放學的時候，小樹大多是最晚被接走的小孩，暑假前，個頭比便當袋大沒多少的黑狗來福出現在校門口，這是小樹跟來福的第一次對話，兩個小孩似乎彼此都懂得對方的意思。

「ㄟ～你要陪我等嗎？」

「乖！乖！」小狗稚嫩清亮地叫兩聲，就坐躺在小樹腳邊了。所以等到媽媽來接他，小樹就跟媽媽說：「暑假我都一個人在家，可以讓我帶牠回家嗎？我發誓會自己照顧牠，我要叫牠來福。」拗不過小樹的百般哀求，媽媽只能先勉強答應，心想等暑假過後也許孩子

熱潮退了再說。就這樣，小樹和來福至今已經是相伴十年的好麻吉，也因此讓小樹開始了與寵物的奇妙對話之旅。

　　小樹是家裡唯一的小孩，來福就是他的兄弟，成長的過程中他們一起經歷許多神奇的時刻，國小六年級的畢業旅行出發前兩天有颱風預報，小樹抱著來福看電視時，對來福說：「颱風千萬不要來呀，大家都準備好了，我還買了海賊王撲克牌，來福呀跟我一起祈禱，兩份力量應該比較有效。」結果隔天颱風轉向往東北移動，畢業旅行出發的那一天豔陽高照，小樹心想，來福真是有靈性、是福星呀！

　　他們倆前後經歷了幾次類似的神奇事件，來福就像是小樹的哆啦Ａ夢，遭遇重大事件時跟來福商量，總是有出乎意料的結果。所以小樹與來福外出時，常常可以看到他在自言自語，但其實他是在跟來福邊散步邊聊天。鄰居小龍哥的年齡只大他二、三歲，算是跟著小樹與來福一起長大的，所以對小樹自言自語的狀況早已見怪不怪，只是偶爾路上遇到，小龍哥還是會

被嚇一跳，每次都對小樹說：「最好是牠都聽得懂啦！」而每一回小樹都毫無疑問地回答：「懂呀！」

那一天，明亮的天空，太陽高掛，這一人一狗走在路上，來福突然超級興奮地對著一位斷腿、雙手萎縮坐輪椅的老人又叫又跳的，小樹從沒見過來福這個樣子，完全不受他的控制。

阿伯見到來福異常激動的招呼，卻一點也沒有被嚇到，反而笑著說：「來福是福星呀，來福是福星呀，你表現得很棒，很好、很乖、很棒！」此時來福也慢慢地穩定下來。小樹納悶著，這個老人居然可以跟來福對話，就問：「你怎麼知道牠叫來福？」

「黑狗不都叫來福嗎？」老人笑著回答。

「有緣才會相遇，我以前也有養過寵物，跟你的來福很像，而且也叫做來福。」

「哇，真巧，那現在牠在哪？」

「我的來福十年前走了，不過你把你的來福照顧得很好，很棒喔。」

「同學，有機會再見囉。我有事先走，來福下次見。」

「阿伯，我叫小樹，下次見囉。」

「世間絕對有奇蹟……因為心念可以創造實相……其實這世界上根本不存在『不可能』。只要靜心看，就能聽見內心的聲音……成長是變得更溫柔，更有想助人的愛心，對全世界都想要付出愛……」

講台上，演講者的聲音滔滔不絕，小樹完全沒有耐心繼續坐著聽完，於是拿起背包用跑百米速度溜出演講會場，心底直嘀咕還翻白眼：「最好奇蹟跟不可能都會發生在我身上啦！神呀，拜託你喔。」結果一個恍神，他衝下台階時一個蹌跟，撞到了輪椅，差點撞翻人家，幸好只撞掉一本白色筆記簿。

「對不起！對不起！」小樹邊撿起本子邊低頭道歉，一抬頭看到老人正是之前和來福一起遇到的那位阿伯。原來阿伯在路邊賣玉蘭花，因為雙手萎縮所以用單臂托著盛裝玉蘭花的籃子。

看見驚慌未定的小樹，阿伯問道：「你沒有受傷吧？有緣才會撞到，還好花沒撞翻，那你要買花嗎？買一

些吧，我整天都沒生意！」誠懇堅定的語氣加上慈愛的眼神，讓小樹覺得應該要買花。

「但是，阿伯，我沒事身上帶著花感覺很奇怪，不然我跟您買一些，但您花還是留著。」

「這樣我不能收你的錢，不然你買筆記本吧？」

「好呀！多少錢呢？」小樹心裡想著：「今天是破財日」，但撞到阿伯有點不好意思，只好跟他光顧買些東西補償。於是，掏出口袋裡唯一的千元鈔，誰知錢剛掏出口袋，突然一陣強風就把錢吹上了天空，小樹伸長手要去抓，但鈔票早飛得又高又遠，緊接著他戴的口罩竟突然鬆鬆地掉下來，不過短短幾秒，千元鈔竟飛天而去，口罩也踩在自己腳底，他心想這也太衰了吧！

賣花的阿伯見狀安慰他說：「啊，算了別追了，這是天意，本子就送你，順便我這裡有個口罩給你，算是彌補你的心意吧！」小樹哭喪著臉，接過筆記本不知如何是好？

「你好心幫我，所以我決定讓這個善良的心，循環

下去，我對你有信心。」阿伯邊拿出口罩邊說，那是一只印滿蜂巢圖樣的口罩，小樹搔著頭疑惑地望著阿伯，不敢接手。

阿伯微笑地盯著他問：「你剛才不是才說希望奇蹟跟不可能都能發生在你身上嗎？」

小樹不禁訝異，他怎麼知道我剛剛想什麼？雖然平常總愛幻想遇到神仙、體驗奇蹟之類的，但是通常遇到瘋子的機會還比較高！基於對長輩的禮貌，小樹坦率地說著：「奇怪？我剛確實是向神請求，但我的臉上有寫這事嗎？阿伯您也太神了吧？！」

「呵～呵～呵～，不可思議的緣分讓我聽到你的請求，真的！」

小樹正在想這一切是怎麼回事，懷疑是自己無意間的喃喃自語讓阿伯聽到。

「相信我，可能有意想不到的奇蹟；不相信，就此別過，只是損失一千元。」阿伯敢情想打賭。

青少年總是好奇心旺盛又不肯服輸。小樹心想：反正錢不見也拿不回來了，陪奇怪的阿伯玩一下，好像

也沒啥好損失的。

「好吧，您說說會發生什麼奇蹟？」

阿伯笑著說：「你很棒，轉念很快。」驚訝的小樹覺得阿伯好像真的有讀心術。

「你想，玩遊戲時你最想得到什麼結果？」

「過關的成就感呀！」

「那生活上有什麼能讓你感到快樂？或快樂的時間可以持續長一點的？」

「應該是……好吃好玩的吧？」小樹一時之間也想不起來。

「那是興奮，不是快樂。你再想想，讓快樂的心情持續久一點的事，都沒有嗎？」

「有啦！幾個月前，參加志工送防疫物資到醫院，還滿開心的。」小樹仔細想了想說道。

「為什麼會覺得開心呢？」

「應該是有幫助到病人，所以感覺開心的時間有長一點。」

「你這也算是小小的、人生的善良遊戲啦！我們再

來玩大一點的好嗎？」

「什麼，這算小事呀？」不由分說，阿伯遞給小樹那個蜂巢圖案口罩。

「這可是會讓你變化神奇的無線通訊口罩喔！」

「那是什麼神奇的遊戲軟體嗎？您不是說會有奇蹟？看不出來耶。」

「就是這個有無線通訊功能的口罩呀，戴戴看，心裡想的就會實現，很神奇的。」

小樹半信半疑地戴上口罩，閉上眼心想：「如果這麼神奇，那就讓這怪阿伯消失吧。」當小樹張開眼時，賣花的阿伯居然真的不見了！他狐疑地仔細環顧四周，發現阿伯真的不見了！

於是他又閉上眼，心想：「阿伯出現吧！」當他還沒張開眼時，卻聽到了從口罩的掛耳線傳來阿伯的聲音：「我在另一個次元的世界，你用這個口罩，就能聽到我的聲音，有時候還可以用視訊看到我，跟著我的指示，我們一起發現奇蹟跟不可能的事，來吧！」

聽到阿伯憑空出現的聲音，不禁嚇得小樹驚叫一聲

「啊！」，並反射性地拿下口罩。

　　旁邊路人看到，馬上走近並語帶警告提醒他，「少年ㄟ，口罩戴好喔！」

　　小樹趕緊慌張地戴上口罩，心想這也太神奇了，那就玩玩看吧！頓時開始覺得有趣。

　　「先翻開你手上的筆記本，那是一本未來事件簿！裡面紀錄著未來三個月內會發生重大事件，你所認識的親友們的名單。」聽著阿伯語音指示，小樹帶著好奇趕緊翻開阿伯給的筆記本。

　　「有沒有看到你認識的朋友或親戚？本子裡寫著意外日期、時間、地點還有發生的事。相信我，只要去幫助需要幫助的人，你會找到快樂的答案。」

　　小樹仔細地看著本子上的人名，突然看見「張小龍」，心想好熟悉的名字，隔壁的鄰居小龍哥好像也姓張；意外發生地點在一家推拿工作室，小龍哥恰好也在學習推拿，他是由爺爺、奶奶帶大，在推拿工作室除了打工賺錢養家，也是想藉著推拿手藝幫爺爺、奶奶疏通筋骨維持健康；雖然平時感覺酷酷的，但其

實心地很善良又孝順。小樹早上出門才剛遇到小龍哥，筆記本上顯示意外發生時間是明天下午六點，原因是被尋仇錯認砍傷失血過多而入院急救。

「啊？不行，這是真的嗎？小龍哥是長我幾歲的好大哥，而且還是短跑健將，身體健康的他是家中的經濟支柱耶。」小樹懷疑問著，阿伯笑答：「生死有命，富貴在天！跟年齡、體力無關。更何況俗話不是常講，棺材裡裝的是死人，不是老人嗎？」

「這真的會發生嗎？他是很懂我的好朋友，他不能死，怎麼辦？怎樣能救他？我要趕緊回去叫他小心，也許叫他明天別出門，就可逃過一劫了！」

血氣方剛的小樹立刻走往回家的方向，耳邊阿伯的語氣溫和而堅定的提醒小樹。

「筆記本的事，暫時不能告訴任何人，你我有特殊緣分所以得以窺探，洩漏天機將會引禍上身，你也會因此殃及你身邊的親友，切記！見到張小龍時口罩戴著，把口罩當作跟我聯繫的無線通訊器，你就會聽到我的聲音。」

小樹把本子塞進口袋，戴好口罩，因為口袋空空沒錢搭車，就一路跑回家。快到家門時，在稍遠的路口，正好看到小龍哥越過馬路走向前來，雖然戴著口罩，還是認得出帥氣又邁著有勁的步伐，一眼就可以認出是小龍哥，小樹舉著手邊喊小龍哥邊小跑步往前要跟他警告。

　　張小龍本來低頭看著手上的手機，聽到有人叫他，於是抬頭循著聲音看向小樹的方向。

　　突然一部公車急速轉彎，就要撞上路邊的樹，有位媽媽牽著五歲左右的小孩就站在樹旁，聽到小樹的聲音，也一起回頭看小樹，沒注意到公車，眼看車子閃避不及要撞上去了，小哥一個箭步，用滑的，迅速把媽媽跟孩子推向路旁，公車的煞車聲，加上旁人的呼叫聲，喧天價響，母子兩人安全避開，但小龍哥已跌倒在地。

　　小樹看到這一幕，以為小龍哥意外時間提前，於是快步走去他身旁，看到小龍哥雙眼痛苦地閉闔，腿部滲出血，身旁已圍來許多路人，小樹還來不及說話，

小孩的母親跪下來趕緊請旁人叫救護車，並扶著小龍哥檢查他的傷，發現他還有意識時，一再地說感謝。

　　小樹放心的深呼一口氣，此時耳邊傳來阿伯的聲音：「你想救張小龍，張小龍也想救人，這就是善的循環，因為起善心而行善，所以張小龍逃過一劫了！」小樹稍後轉身再看一次未來事件簿，發現小龍哥的名字消失了，前後翻了幾遍本子都找不到，至少不讓人擔心了，但這樣誇張的情節完全讓小樹迷惑了。

　　「這是真的嗎？到底是怎麼回事？好像小說電影的情節，太神奇啦？」他正在狐疑時，耳邊又傳來阿伯的聲音。

　　「張小龍剛救了人，腳因此受傷不能去工作，所以就能避免後來的事故啦。因為做好事，所以能化解災殃，所謂一念心可動三千界。」

　　「太神奇了！那個未來事件簿的名單上真的沒有他了。」整件事從頭到尾真假難分，讓小樹感覺整個腦袋空空的，心裡感覺像是詐騙又或是魔術。

　　「行善是救自己，這是老天設計安排的，你若不信，

再翻翻看筆記本，可以再去印證。」

　　隔天小樹去醫院探望小龍哥，才得知工作室被人破壞，警察很快找到嫌疑犯才發現是對方找錯地方。

　　「昨天還好我沒去工作室，請別通知爺爺、奶奶，免得他們擔憂，謝啦！兄弟。」張小龍一看到小樹就先道謝。

　　「小龍哥，不會啦。」

　　「還好你叫了我，才看到那個小孩差點被撞，時機就是那麼剛好，太巧了！」

　　「本來是有急事啦，但現在沒事了。」小樹有點尷尬的笑著說：「我反而覺得是我害你受傷耶。」

　　「厚～沒啦，是你讓我救了那個小孩，還好還好，這傷超值得，能夠救人，我自己也很感動，當時真的只差一點！而且如果我沒受傷，隔天去店裡工作，肯定遇到那群砸店的人，那可能就不只這樣了！」

　　「有做好事，老天有保佑啦！」

　　「我們合作得不錯喔！」張小龍越講越嗨。

　　小樹也覺得兩人真是好搭檔。於是心血來潮說：「小

龍哥，我下次有好康的一定找你啦，我家來福每次都說你人超好，牠很喜歡你。」小樹心裡說，其實我也是啦。

　　談論間，兩人相視大笑。

**給自己來點正能量**

我是自己命運的設計師，可以改變自己

我是安全的，只要以善用心，沒有不可能的事

我愛自己，並信任生命的過程

我可以創造生命的奇蹟

事件 **乙**

**愛偷竊的女孩**

首度成功出擊，讓小樹感到非常興奮。他躍躍欲試，想藉著未來事件簿助人免於意外。於是在回到家後，他再次翻開未來事件簿，想尋覓下一個能夠幫助的人，正尋思時，突然看到小學同學林山香，下星期日會因為偷竊而被人亂棒打成重傷，生命垂危？！

　　他急忙戴上口罩，問神奇的阿伯：「我可以讓林山香躲過這一劫嗎？」

　　「其實你不用特意尋找，世上悲苦無奈的事，到處都有，一切都是因緣果報，我本來只想幫助你的親人，但這女孩有善根，也許還是有翻轉命運的機緣。」

　　「她很可憐，小學時她就穿得破破爛爛，感覺好像沒人照顧她，聽說她後來常跟幫派的人鬼混。我很想救她。」不忍同學遭遇，小樹向阿伯求救，他的憐憫心被激發了。

　　「可以嗎？我們幫她吧，好嗎？」

　　「要救她逃過這一劫，也許需要製造一點機緣。她有偷竊癖，原因是從小缺愛、缺關注，價值感低落，因為心裡空虛所以藉由偷竊來達到滿足；或者是因為

遭受到的種種磨難，讓她用偷竊的行為來施行報復，以滿足她扭曲的心理需求。這是需要機緣來改變她的認知的。」

「要怎麼製造機緣？」小樹問。

「你明天不是要參加一個公益活動，要去探視弱勢及精神障礙者家庭？你就帶她去吧。她現正躲在一棟大廈頂樓的牆角，怕警察發現她，明天你就以『心法』到她那裡，看她願不願意信任你吧？培養她對你的信任是很重要的！」

「心法？」小樹心底充滿疑惑，但心想神奇阿伯總是有辦法，明天就聽他指示吧。

第二天清晨，小樹戴上口罩，聯絡上阿伯，就聽從他的指示接受所謂的「心法」傳授：

「閉上眼，身體轉圈，放空雜念，無聲複誦：縮地，縮地，縮地，複誦三次，你會看到一道強烈的光，光會帶著你走……」耳際傳來阿伯指示，小龍跟著旋轉身體，心無雜念，無聲複誦縮地三次，緊接一道強烈的光出現，他跟著光走，行進中有種全身細胞都劇烈

搖晃的震動感，但不過兩三次眨眼的時間，就到了林山香躲藏的大樓。

此刻天色已透出光芒，城市裡宏偉的建築矗立，彷如叢林。然而在大廈頂樓的角落裡，即使周遭天光漸亮，女孩卻彷如被黑暗所吸附而無法走出來！因為小樹的突然出現，讓她不禁驚叫：「你是誰？」她看著小樹晶亮的雙眼，映襯著背後奪人心魄的光芒，彷如自天而降的天使般，讓她以為身在幻境，感覺好不真實。當理智回到現實，她趕緊站起來，舉手擋在眼前，遮蔽那陌生的眼光。

「林山香！我是妳小學同學小樹呀，你怎麼在這裡？發生什麼事了嗎？」

「小樹？是警察、詐騙？還是死神？……你是來抓我的嗎？」突來的情況讓她不知所云的喃喃自問。

「我是小學時座號在你前面的同學小樹呀！好久不見了。」

「你怎麼在這裡？」林山香想起之後驚訝的問。

「我是來幫妳的。」小樹語氣堅定。

「我需要錢，兩天沒吃東西了。」山香別過頭，羞愧的說。

「錢沒問題，我等下就去領，但你可以告訴我發生什麼事嗎？看能怎麼幫助妳好嗎？」

「我討厭那些日子過得比我好的人，你不要理我，要幫我就直接給我錢，不用浪費你的時間，你走吧。」林山香帶著憤怒邊說邊揮手示意小樹離開。

「小學時，印象最深刻的就是你陪同學受罰，明明不關你的事，卻和同學一起挨老師責罵，我一直很崇拜你，超有義氣，現在你有困難要我別管你。你是不是怕浪費我的時間？你跟以前一樣都很為別人著想，果然是我以前認識的林山香，你都沒變！可以說說你的故事嗎？」小女生，第一次被人誇獎，心緒舒緩了下來，終於卸下心中的武裝，對著小樹斷斷續續地訴說過往。

「我爸媽在我三歲時離婚，是爺爺、奶奶撿資源回收養大我的，但國中時，爺爺、奶奶也相繼過世，我爸爸卻還在監獄裡，我媽媽沒停過賭博，所以一直躲

債，不知道人在哪裡。後來我去住阿姨家，他們自己也有小孩，平常吃飯都是他們先吃，我就吃剩的；衣服也都是表姊、表哥穿過不要的。雖然有地方給我住，但是我永遠是外人，寄人籬下過生活實在過得很窩囊，反正後來我想要的東西就直接拿走，缺錢就拿他們家的東西去賣，過得還滿爽的。後來被我阿姨發現就被趕出來了，哈！我其實沒差，既然嫌棄我，離開也好。後來我遇到小學同學阿秋，我們就一起在外面住，沒有錢就拿東西去賣，被抓過幾次，但是那些人活該，東西放著自己沒看好。大家說偷，我說是借，只是不知道什麼時候還而已，哈哈！像我去大伯家，他的皮包就放在伸手可得的地方，所以我就不客氣啦，然後被打了幾次，就又被伯母趕出來。自己在外面生活到處都要花錢，為了活下去，就是每天找錢，上個月我們偷了麵攤的錢，阿秋身上又被查到毒品，就被警察抓去坐牢，結果就剩我一個，我很孤單，在這裡躲警察，很怕警察找來。想跳樓，卻沒勇氣，所以我在這裡，看何時能鼓起勇氣跳下去。我已經蹲了兩天，肚

子好餓，雖然知道沒有人會牽掛我，但還是覺得心裡難過。」

「小樹，如果你要幫我，就直接借我錢，或是告訴我活下去的意義在哪裡？我想死，又怕痛。」她無奈的說著。

「聽起來，妳真的好辛苦地活到現在，你這次是偷了什麼？」

「錢呀，三千多元，但都花光了。」

「聽了你的故事，我了解你過去的生活有很多的不得已。以前對你的印象都是很有正義感的，也常常幫助同學耶。現在妳要不要做一個選擇，改變一下，做點不一樣的事，跟我一起試試？想要有好的未來的話，就相信我。」小樹一臉嚴肅地說道。

「好的未來？不可能啦，我看我死一死還比較快！」林山香沉重地哼了一聲。

「先不要自暴自棄，那你先告訴我，你最想做的是什麼？妳最想成為什麼樣的人？」

「如果可以，我當然希望有工作呀。要是有人需要

我，我也可以幫助別人做好事，但這是不可能的，現在大家看到我都怕呀！」

「妳還記得我們班上的小真嗎？我們假日有時候會結伴參加公益活動喔。不但可以幫助人，還可以交朋友，是很有意義的活動，你跟我們一起來吧，我會想辦法幫你還那三千元的，好嗎？」

「不要吧？我去會不會很丟臉？小真會不會看不起我？」山香有點心煩意亂。

「哪有這回事！只有自己看不起自己，沒有人會看不起你啦。人啊只要還活著，就有希望重新開始。」

於是他們一起到了團體聚會所，有七八位人員已在那兒了。小真忽然來電說有事不能來，於是負責發錢買物品的任務，就落在小樹身上，當小樹把錢先放進抽屜裡，他注意到山香在旁邊用眼瞄了一下。

「錢就這樣放，抽屜也沒關好，也太放心了吧。」山香喃喃地唸了一句，推了一下把抽屜關好。

當小樹走出聚會所要跟其他人溝通事項時，阿伯突然透過魔法口罩跟小樹叮嚀了幾句，於是小樹趕緊走

回頭，發現山香正在觸摸抽屜，小樹尋隙過去，趁山香轉身時悄悄打開抽屜，清點發現所有的錢都在，然後小樹做了一個重大決策和舉動。他將所有的錢拿出來對大家說：「今天的總務是林山香。」山香緊張地靠向小樹低語：「你幹嘛啦，大家同意嗎？」小樹聽到一些低喃耳語，志工吳小隊長的弟弟恰巧是山香的國中同學，知道山香曾經偷過東西，於是輕聲問小樹：「你確定嗎？」似乎怪他太輕率。但其實這是神奇阿伯的指示，小樹堅定地支持著山香，說服大家相信他，於是把購物清單與分配名單交給山香，山香驚訝望著他，心想從來沒有人如此信任自己，她呆立在那心裡非常激動，卻仍故作鎮定，接受被交代的任務。

接著，大家一起觀看要去服務的個案影片，畫面是擺放簡陋桌椅的客廳，房間內，一張木板架在磚頭上即是臥床，老人是退伍老兵，太太有輕微弱智，十二歲的兒子患有精神障礙，十五歲的女兒，智商僅只八九歲！平時靠老人撿拾回收物與低收入戶津貼過活。台上的簡報條列著大家去服務時的事前叮嚀：需要幫

忙他們打掃整理環境。上個月已經幫他們粉刷牆壁了，這次要幫他們更換髒汙的枕頭被單、還要募集床墊，還有協助兩個小孩盥洗，另外還要發放生活費用給老人等等。

看完影片簡報，吳小隊長為大家行前打氣：「人間是有因果的，人會辜負你，但因果不會。重要的是，我們能在每次個案的處理中得到學習，我們要試著讓社會更溫馨，大家一起來加油！」

在整隊分配任務時，大夥突然發現林山香不見了！因為錢在她手上，頃刻間，大家都很緊張，吳小隊長以為她老毛病又犯了，搔搔頭，很傷腦筋的樣子。

但隔了十幾分鐘，山香出現了，原來她把各項物資與金錢都裝袋分配好了，大家鬆了一口氣，小樹趕緊趨前跟她說：「妳好有效率，太棒了！」小隊長盤點一下，剩餘的零錢已另外裝好，一塊錢也沒少。準備好之後服務隊出發，到達目的地進屋後，大家都忙著各自負責的事，小樹埋頭整理發放物資的歸位擺放。

一轉眼，小樹看到山香蹲在院子幫個案弱智的女兒

洗頭，而且很溫柔地呵護著弱智的女孩，看不出來這是山香第一次參加服務隊的公益活動，山香幫忙吹完頭髮後，像好友般與弱智的女孩邊玩邊聊天，平常都不愛搭理人的女孩，居然可以跟山香有一搭沒一搭地唱歌說笑，這一群人服務結束要離開時，女孩緊緊牽著山香的手，不捨她離開：「你還會來嗎？」山香第一次感受到強烈的被需要與自己好重要這件事，心中雖然羨慕女孩很幸運有大家的幫忙，但也很不捨她的智商。她紅著眼睛鼻酸地對女孩說：「下次我一定會再來看妳，你要乖乖聽話喔，我是山香，要記得我喔。」大家都看得出山香的真誠與感動。離開後小隊長建議大家一起去他爸爸的咖啡廳喝杯咖啡。

在咖啡廳內，老闆正想打開櫥櫃門、拿出杯子待客，但櫥櫃門卻怎麼也打不開！老闆有點緊張：「哎，是誰把這上鎖了呢？怎麼辦，打不開了！」小隊長見狀，也過去幫忙，可是，弄了半天，他們都束手無措，山香看著他們打不開櫃門的懊惱模樣，給小樹使了眼色，走過去說，讓我來吧，三兩下櫥櫃就開了，而且她還

把櫥櫃門重新調整一番，令老闆佩服地豎起大拇指。

神奇阿伯跟小樹說：「為了求生而偷竊，這是她學會必備的救命鑰匙，也是她的天賦。」

有了杯子，老闆好整以暇地沖上咖啡，很開心地請大家品嚐。

山香端起咖啡，看著咖啡杯內的色澤，聞了聞香氣，淺嚐一口，接著問老闆：「這是衣索比亞咖啡豆嗎？淺培的，很有層次，有果香。好喝！」

聽到這番話，小樹驚訝於山香的咖啡常識。只見老闆又豎起大姆指：「好厲害！妳對咖啡豆有研究喔？」

「是啊！我很喜歡咖啡，以前在咖啡店打工，後來因為疫情關係，咖啡店撐不下去，我也就失業啦！」山香沮喪地低下頭。

「對，她現在沒有工作。」小樹趕緊補上一句。

「那好啊，如果不嫌棄的話，你就來我們這裡上班好嗎？妳的能力我很欣賞，我們正缺對咖啡有研究的員工。妳放心，我會栽培妳的。」

「生命重新開始囉，山香同學，你要加油！」小樹

悄聲為山香打氣。

「可是，我有很不好的過去，你們會介意嗎？」

「儘管放心，妳一定會做得很好的，因為你有善良的心靈與耐心，只要相信自己能堅持，從『心』出發，你就可以重新開始囉。下次妳就有機會，跟我們再去探望那女孩，你是我們的一員了。」小隊長也在旁再次肯定地點頭。

「誰沒有過去？誰沒有不懂事的時候？只要知道每一天都是重新開始的就好。」老闆激切地說。

「真的嗎？烘培咖啡是我最愛的工作，如果不嫌棄的話。我可以來喔。」山香不再害怕畏縮，眼神澄亮展露出燦爛的微笑。

「謝謝老闆給我機會，我一定會很認真工作。」她微欠身鞠躬。

「我一定會認真工作的，請放心，我不會再埋怨命運了，剛才看到了比我們過得更辛苦的人家。比起她，我感覺自己很幸福了，不應該再抱怨，要懂得感恩了。」山香很有信心地對小樹說。

「你還需要錢嗎？」小樹輕聲地問，山香搖搖頭。

「放心，等賺到錢，我會去還他們，向他們道歉。」

「很感謝你，小樹！你的信任，讓我知道自己是值得信賴的，我不再看不起自己了，我的心態已經改變了，我要學習活在當下，為自己做的事負責任，你是我的再造恩人。」她的思緒變得清明，像是被施行無聲的魔法般。

「人世間果然是有因果的。我懂了，很感謝小隊長。」山香轉身向小隊長致謝。

小樹離開時，陽光曬熱的草地上，小黃花遍開，在陽光下隨風搖曳生長，小樹翻看了一下未來事件簿，林山香的名字居然不見了！他問阿伯：「本子上說她應該會被打成重傷，但至今看起來她並沒有被打的跡象呀？」

「她本來在你出現的當晚是準備要去偷錢的，結果被人發現，慘遭亂棒打成重傷。所幸她先遇到了你，因為心念已轉，也做了好事，由埋怨負能量轉變成感恩的正能量，命運就開始轉變了，而且她願意跟你走

出去創造好的因緣，自然就會有好事發生。這就是命運是隨心轉的實證啊！」

**給自己來點正能量**

我無論身在何處都能感受到家園的美好

我生命中出現的人皆是善良的貴人

我看見很棒的自己，我值得擁有美好事物

我很值得，我知道我一定做得到

事件 3

**錯過的班車**

這天下課回到家，來福一如往常興奮地搖著尾巴哈著氣，衝過來很熱情地迎接小樹。

　　小樹放下書包，不放心地走到門邊看向門外厚厚的烏雲，很抱歉地說：「恐怕等下馬上就要下大雨了，今天可能沒辦法帶你出門散步。」

　　看到來福睜大的眼睛裡流露出一絲藏不住的失望，小樹思索了一下，又補充一句：「明天是週末，如果天氣不錯，再帶你去河堤邊跑跑，找找老朋友、認識新朋友，好不好？」

　　聽到明天有機會去河堤邊見見熟悉的狗老友與人類朋友，說不定還能認識到新朋友，來福開心地搖了搖尾巴。

　　在窗外滂沱的雨聲、不時的悶雷加上刺眼的閃電中，小樹吃飽飯寫完功課。他打開抽屜，看著那本神奇的白色筆記本，陷入沉思。

　　對小樹來說，這本未來事件簿就像是開啟心靈豐富之旅的導覽手冊。透過口罩與阿伯的互動，他能夠走入事件簿裡所載親友的人生。在異次元的阿伯提供智

慧與指引下，他發現自己居然可以幫助親友解決困境、積極改變命運。

但每次要翻開這本預知未來事件簿的前一刻，他的心底都充滿掙扎，想到萬一熟悉的名字出現在上面，假若自己什麼都不做，就當個袖手旁觀者，那周遭親友的悲劇就可能會一幕又一幕、接二連三地發生！想到這裡，他有點不寒而慄。想來要面對未來事件簿還真需要點勇氣。

可是他轉念一想，如果因為自己的一念善心與積極行動、加上神奇阿伯的熱心幫忙，就能讓小龍哥、林山香這些朋友躲過意外重傷的厄運。那麼打開事件簿和隨之而來的一連串作為，就是有助於人且是正向積極的。想到這，他的心情又開朗了起來。

就像阿伯說的：行善是救自己，救了自己的良心，大家因著自身的善良而找到方向與信念，就不會被挫折打擊輾壓而墜入命運深淵。

這場攸關人生的善良遊戲過程。讓小樹覺得非常快樂，也很有成就感。沉思之餘，小樹的臉上漾開了燦

爛微笑。他已經準備好翻開未來事件簿，要開啟下一場神奇的冒險與拯救之旅。同時也將印滿蜂巢圖案的魔法口罩準備好，放在一旁待命。

「不可能！怎麼會出現我四叔的名字？這肯定是搞錯了吧！」小樹揉了揉眼睛，非常地吃驚。未來事件簿上清清楚楚寫著四叔的名字，因為搭乘明天上午十一點出發的火車出軌而受重傷！

小樹回想起四叔忙碌的身影，頃刻間回憶像跑馬燈一般在腦海閃過。四叔在長輩口中是個閒不下來的大忙人，總是來去匆匆。他平常在公益團體當祕書長，專責企劃推動善事，幫助需要的弱勢族群。親族長輩們常說：「你四叔是個超級大忙人，平時搭火車就像坐捷運、公車那樣頻繁，要見他一面還真不容易。」往往難得一次家族聚會，就因四叔人在外地忙碌缺席而有點遺憾；他即使排除萬難抽空趕來，也是沒多久就匆匆離開。

四叔的雙眼溫柔又清亮，看起來善良又聰明。他遇

到小樹的機會並不多，但回憶裡的短暫碰面，卻是讓小樹印象深刻。

那天傍晚，小樹在大陸經商的爸爸適逢定期回國，四叔忽然出現拜訪，而小樹正在餵來福吃飯。四叔看到小樹露出大大的笑容，一邊熱情地在胸口與肩膀之間比畫。

「記得你小學的時候才這麼小，現在居然這麼高了！小樹長高了，快要變成大樹了！」

「來福也長大了，毛色黑得發亮，真的很漂亮喔！」四叔非常溫柔地摸摸來福，接著拍拍小樹的肩膀稱讚：「小樹，你把來福照顧得很好喔，牠看起來真的很健康也很快樂！」

「你真的是個有愛心又負責任的孩子！懂得愛護動物、珍惜生命的孩子，很棒！」四叔不停稱讚小樹，隨後話鋒一轉：「有機會的話，跟著四叔一起來幫助窮人，可以做好事喔！當你會同理別人的苦，能感同身受，懂得手心向下幫助別人，你就會像大樹一樣又高又大喔！」

小樹記得當時自己確實有點心動，但嘴上還是推說最近課業很重，沒什麼空閒時間，以後有機會再說。但是心裡對於四叔的印象是溫暖又欽佩的。就像那天傍晚從窗戶折射進來的夕陽，像金色薄紗般暖暖地圍繞著自己與來福。定格的回憶裡，四叔臉上灑滿了金色的陽光。四叔就像個光源，向身邊的人散發出溫暖而善意的能量。

　　小樹沉思，想著自己最近湧出那種莫名的雞婆與熱心，說不定也有點受到四叔的潛移默化。

　　「四叔根本是人人說讚的好人，未來事件簿上不應該有他的名字！」小樹慌慌張張地戴上口罩。拉動耳線，用視訊功能呼喚阿伯，然後緊瞪著阿伯，連珠炮似地質問。

　　「我四叔是我們家族中公認的大善人，他是連看見螞蟻蟑螂都要放生的人，老天爺怎麼可以這樣子懲罰他呀？」

　　「我四叔做了那麼多好事，很多人都很喜歡他，為什麼是他？」

「這世界上該收的壞人惡人那麼多，我四叔人這麼好，老天爺為什麼要懲罰他？」

「我四叔年紀又不大，身體也很健康，比他老的人很多，這太不公平了！」

面對小樹一連串的質問，阿伯平靜地看著忿忿不平的他，緩緩地解釋：

「人生的路上，沒有先後順序，每個人都要經歷不同的故事。」

「人生雖然無法預測，但沒有對錯，沒有好壞，只有因果。」阿伯強調。

小樹臉上仍然有著許多不平與疑問，阿伯接著又補充說明：「就像佛經上提到悟達國師的故事，雖然他累積了十世的修行，但還是無法逃過往昔所造的惡業，還是要接受業報，這就是因果……。」

面對阿伯的諄諄之言，小樹搖頭嘆了口氣，喃喃自語：「您講得太深奧我聽不懂啦，什麼悟達國師？因果業報？等我有空再 Google 看看啦！現在最重要是如何幫我四叔躲避意外？我們又不能阻止火車上路，也

不能強制它停駛吧！」

　　阿伯輕輕地點了點頭，輕聲地跟小樹說：「這個劫數是因為累世的因果，也是很大的共業啊！生死有命，要扭轉不容易啊……」阿伯細細思索了一下，繼續說：「但是……」

　　聽到「但是」兩個字，小樹眼裡冒出希望的火花。

　　「什麼但是？」

　　「是有一個機會，但需要你我一起努力，但是結果會怎樣，還很難說。」阿伯表情有點神祕。

　　「只要有一絲希望都不能放棄，我一定要努力幫我四叔。」小樹握拳，態度很堅定。


　　隔天一大早，阿伯再度以坐輪椅的賣花身障者造型現身，小樹在他帶領下閉眼轉圈，複誦縮地三次，就隨著光轉眼來到車站門口。小樹推著斷腿、雙手萎縮的輪椅阿伯準備賣花，因為緊張而顯得手忙腳亂。

　　「少年耶，鎮定！我們是來賣花，不是要來做虧心事！」阿伯顯得老神在在。

「我很少來火車站，人來人往的很熱鬧啊。」小樹忍不住東張西望。

「你還記得初次見面，你因為下台階跑太快，煞不住撞到我的事嗎？還差點撞翻我的輪椅呢！不要緊張，鎮定！」阿伯藉這番話想讓小樹放輕鬆。

「那次真的很糗！」小樹臉上微泛紅暈。

「不過，那也是我和異次元阿伯一起進行人生善良行動的開始！」講到此，小樹心情沉澱下來，也開始沉著穩定了。

小樹看著單臂托著盛裝玉蘭花籃子的阿伯，關心地問：「阿伯，重不重？要不要我幫你拿著花籃？」

「不用！這麼重要的東西一定得我自己拿著！」阿伯慎重地拒絕了小樹的好意。

小樹東看西看後，有點不好意思低聲說：「阿伯，我想去一下洗手間。」

「沒問題，去去去。有事找我，記得用口罩講話。」阿伯眨眨眼。

「對了，你去洗手間記得幫我拿兩張衛生紙，等一

下說不定有用。」阿伯思索了一下，又建議小樹：「還有，你既然來了，就多看看，到處感受一下。洗手間的方向不知道就問人，答案就在你嘴巴上，知道嗎？」

「好，我知道！」小樹轉身朝車站裡面走去。

「你十點四十分左右記得回來，我等你！」阿伯看著小樹往前而去的背影，深深吐了一口氣，露出若有所思的神情。


從洗手間出來，小樹手上拿著衛生紙。看著車站裡人們提著大包小包的行李，匆忙地跑來跑去，他覺得自己好像站在一個時空的定點，周圍的人們腳步很急、紛紛擾擾的影像開始有點快轉而模糊失焦。

小樹有點恍神，疑惑著這些人到底忙著要從這裡去到哪裡？他們搭上火車之後，都要經過一段漫長的車程。對很少搭火車的自己來說，也許是很新鮮的經驗；但對於必須經常搭車的人來說，這個過程可能很耗時耗神，無法避免、但一定得度過。

那些搭上火車的旅客，真的能確定是通往另一個車

站？能夠確定會平安到達目的地嗎？或是會搭上通往幸福天堂還是災難地獄的班車？無法平安回家？

那種突然襲來的無常感像急促湧來的海潮，讓小樹的腳步有點踉蹌。

「在這麼大的空間裡，每一個人是多麼渺小無助。阿伯要我一起來車站賣花，我們究竟能不能翻轉四叔的厄運呢？好像很難……」

「少年ㄟ，對自己跟阿伯要有信心，不努力就退縮可不像你會做的事喔。」口罩裡傳來阿伯熟悉的聲音，打斷了小樹的沉思。

小樹停下心中的感慨與疑問，看著手錶發現時間快到了，於是從車站裡面趕往大門入口，找尋阿伯。

遠遠地，小樹終於看到四叔的身影，跟著幾位中年人一起快步行走。

幾個人邊走邊講話的對話跟表情特寫，透過魔法口罩像透明的螢幕加上立體聲喇叭投射在小樹眼前。

沉默的四叔在嗓門很大的他們之間顯得格外安靜。

「就跟你說不要老是把心思全放在工作上面，要出

來跟我們一起吃喝玩樂，輕鬆一下。」首先講話的是一個梳著西裝頭的高個子中年人，挑動著眉說話時表情很豐富。

「特地休長假來度假，就是要對自己好一點，是充電，好好休息才能走更長遠的路。」戴眼鏡的女生神情很疲憊，講話顯得有氣無力。

「畢業那麼多年，難得等到你有空參加同學會，大家都很想見你，你總是東忙西忙抽不出空。要見你一面還真難。」個子較小，有點胖胖的中年人講話有點嘲諷。

「你真的很掃興，都不肯多玩幾天。」高個子男人附和抗議著。

「如果不是剛好你要去台東開會，恐怕還不肯來參加呢！」小個子男人偷偷撇嘴。

「老是考慮別人都不顧自己，你真無趣。」戴眼鏡女生搖頭。

「我等不及看看其他的同學安排什麼節目招待我們了！一定很精采！」高個子男人摩拳擦掌，表情和動

作絲毫不掩迫不及待的心情。

「嘿，你們看，竟然有個坐輪椅的老頭在賣花呢！」小個子男人嚷嚷。

這時候沉默的四叔突然開口說了一句。

「老先生看起來有點可憐，要不要買點花？玉蘭花也挺香的。」

「老先生可憐跟我們有什麼關係？」戴眼鏡女生搖頭，表情不耐煩。

「沒時間了，走啦！」高個子男人腳步很急。

「都快遲到了，買什麼花啦！放哪兒呀？無聊！」小個子男人加快腳步跟上。

就在隔一段距離，要趕到阿伯的身邊時，小樹透過螢幕突然看到有人推開阿伯的輪椅，衝向了四叔。四叔看起來十分意外，整個人彈跳起來，身手矯健地驚險閃過。

阿伯的輪椅被撞翻倒在一旁，玉蘭花與銅板掉了滿地，摔倒在地的阿伯呼喊著疼痛。

「好痛，是誰這麼冒失啊，走路也不看路。」

「好痛！好疼啊，我爬不起來，好疼啊！」

「誰來幫我？誰來幫幫我？好心會有好報啊！」

隔著一段距離，小樹緊盯著四叔，緊張得無法呼吸，嘴巴張大卻講不出一句話，腿也好像有千斤重般僵住，完全無法邁步。

四叔看了一下手錶，本來要繼續往前，但聽到阿伯微弱地呼喊，腳步有點遲疑。

四叔身邊同行的人根本不願意停下腳步，小個子男人首先發難，抗議嚷著：「別管閒事了！又不干我們的事！」

「難得有時間去開同學會，分秒必爭啊！」高個子男人催促著。

「應該會有人處理的，我們的車子可是不等人的。」小個子男人越來越不耐煩。

「唉呀！再拖下去，會錯過人家來接我們的時間！」戴眼鏡女人一直看手錶。

四叔猶豫了一下，接著迅速轉身回頭，彎腰扶起傾倒的輪椅，然後蹲下抱起瘦弱喊疼的阿伯，小心翼翼

放進輪椅裡。

「好痛，動作麻煩慢一點，不要太用力、太快，我還是很痛。」阿伯不停喊疼，要協助他坐回輪椅的四叔動作輕柔一點、再慢一點。

四叔下定決心，對著漸行漸遠的旅伴喊著：「你們先走好了，時間來不及的話，我搭下一班，然後再自己搭計程車去跟你們會合。」

已經逐漸遠去的人，小個子男人聲音有點飄忽：「丟錢給他就好了！幹嘛浪費時間！」

「為了一個不相干的老頭錯過火車班次，也未免太傻了！」戴眼鏡女人搖頭，覺得四叔的決定很奇怪。

「不等你了，我們要趕這班了。早去早開心。」高個子男人走得飛快，身影已快要看不到了。

就在這個時候，阿伯睜著眼睛，愁苦地看著四叔，可憐兮兮地呢喃：「謝謝你。掉落地上的那些錢雖然都是零碎銅板，可都是我一朵一朵賣花，辛辛苦苦賺來的；我花籃裡的花都散落在地上了，你看我這樣，銅板和花我都沒辦法撿，怎麼辦呢？好心人，你可以

幫幫我嗎？好心會有好報啊！」

小樹盯著眼前螢幕裡放大的四叔跟阿伯表情特寫，心跳越來越快。他很擔心四叔反悔，決定大步追上那些同學們，急著想要移動腳步卻完全使不上力氣。

結果卻見四叔欣然地點了點頭，迅速蹲下身繼續幫忙阿伯收拾，開始一個一個撿拾掉落在地上、分散四處的銅板與香花。

「你對你四叔要有信心。他的善良給了他重報輕受的機會。」口罩裡阿伯聲音十分清晰有力。

心裡正碎念阿伯又給了一個待查名詞「重報輕受」！就在轉瞬間，小樹全身像電流通過一樣，終於可以自由活動、不再僵住。他急忙跑了起來。

等到終於來到阿伯身邊，四叔正把最後一朵花跟銅板撿起來，好好地放在籃子裡。

「你來的正好，衛生紙請給這位好心人擦擦手吧。」阿伯對著小樹說道。

「咦？小樹，你怎麼會在這裡？」正忙著用手機查下一車次的四叔，接過衛生紙擦手後抬起頭，看到小

樹，臉上表情既驚訝又喜悅。

「四叔，你不知道我這個時候能看到你有多高興！」小樹臉上洋溢著滿心歡喜，藏都藏不住。

「有這麼開心啊！下一班車是下午三點，我帶這位阿伯去附近診所檢查一下，他好像流血了，也順便幫他準備個午餐便當好了。對了，你們兩個認識嗎？」四叔提出質疑，但兩人心有靈犀不置可否。

阿伯拍拍四叔的手再三道謝後，四叔轉身去叫車。

阿伯跟小樹眨了眨眼睛，然後透過小樹的口罩與他祕密通話。

「太好了！我四叔得救了對吧！謝謝你出手幫忙救了他。」小樹向阿伯鞠躬表示感謝。

「人不是我救的，我只是給了他一次選擇的機會。」阿伯搖搖頭，輕聲說著。

「是你四叔發自內心的善良讓他做出最後的抉擇，是他自己救了自己。」阿伯面帶微笑強調。

四叔和小樹帶著阿伯去診所包紮傷口後，當走出診所時，忽然四周傳出議論紛紛的聲音。有人悲嘆，有

人難過，有人驚訝，有人忍不住哭泣，還有人無法控制開始尖叫。

「好可怕，就是剛才那班火車出軌了！」

「聽說部分車廂翻覆了，太慘了！一定會有許多人受傷！」

「天啊，好難過，怎麼會這樣呢？」

四叔停頓住腳步，緩緩看向四周後，臉色蒼白地瞪著手機螢幕跳出的快報訊息，一字一句非常努力地消化理解：就在剛剛，他原本要搭乘的那一班火車，竟然在出發後不久，不幸出軌翻覆。

他失神地喃喃自語：「怎麼可能？我那些同學應該沒事吧？還有其他人……」

「剛才那班火車出軌的消息已經公布了！」阿伯語氣輕緩地告訴小樹。

「但其他人也都平白無故地搭上那班意外列車！怎麼會這樣？早知道剛才也應該一起救他們的呀？結果只有救到四叔？我們這樣做對嗎？我覺得好遺憾……」小樹非常沮喪。

「那些搭同一班車的人，可能是過去生已約好要一起去，有的是要到另一個世界，有的還可以留下來。但你四叔還有其他任務未了，而且因為他的善念，救了他自己。」阿伯說明並安慰小樹。

　　「至於接下來的事，就得要你四叔自己去面對。我們都幫不上忙。人生本來就有很多無常，也會遇到感傷與考驗。生與死，有時就在一念之間。」

　　「有機會就多跟你四叔聯絡，約個時間跟他學如何做企劃、怎麼行動幫助窮人，他一定很高興，你也會很有收穫。」說完，阿伯不忘提醒小樹：「我們也該回去了！你答應來福的承諾可是要兌現的！」

　　「對了！昨天約好了：如果今天天氣不錯，我要帶來福去河堤邊跑跑，找找老朋友、認識新朋友。」小樹馬上想起來。

　　「既然知道人生有很多無常，就要好好把握每個當下的時間。」阿伯忍不住再度提醒。

　　「沒問題！四叔錯過意外班車而獲得平安，我也學到了『善良的選擇』的重要性，往往在一念間，就是

生死交關。」

「記得喔，我們約好一起行動！只要你找我，我就會在另一個時空陪著你！」透過魔法口罩，在阿伯清朗的聲音中，小樹回到家。遠遠地，來福搖著尾巴哈著氣，熱情地衝過來迎接他。

### 給自己來點正能量

善良是對他人體貼、慷慨與友好的行為

我守護善良的能量，可以溫暖並造福他人

一念善心可以成就善事，福雖未至，禍已遠離

祝福人人都能選擇善良，並得到善報

事件  4

認知失調

這一次的預知未來事件簿，意外的主角竟是小樹七十歲的大伯⋯⋯

某日跟朋友相約爬山，走不到半小時想喝水，竟發現忘了帶水瓶出門，於是執意走回頭路，獨自回家去取，不料卻迷失了方向，結果不慎墜落山谷而告失蹤。嘎！這會是真的嗎？小樹滿腹疑慮自問：可以救回大伯嗎？這件事可千萬不能發生啊。

大伯年輕時超愛爬山，還曾參加登山救難隊，非常活潑開朗，這種需要體力還要熱血的任務，讓他得到不少肯定，他也自詡為陽光「男孩」。不過自從十年前，他優秀的法官大兒子突然猝死，大伯整天愁眉不展，很少有笑容，他把自己鎖在陰影裡面走不出來了。隨著年齡增長，生理上逐漸老化，心理上的低落加上生活上受挫，讓原本有心血管疾病的他，更加有不安全感，總是恐慌自己隨時面臨死亡，成天擔驚受怕，有時連個大門都不敢踏出去，尤其到了晚上，經常覺得自己呼吸不過來，不時抓了包包想去急診，這時小樹和大伯的兒子就經常得陪著他，但好幾次去了醫院，

怎麼查都查不出毛病來，醫生說，這恐怕是心理因素大過生理因素，叫他多出去散步曬曬太陽，但大伯總是充耳不聞，他就是走不出去。

這一陣子媒體一再報導，什麼新冠病毒啦猴痘啦，或者哪個科技公司的老總突然猝死、哪個跑者在馬拉松比賽終點前倒下，還有不少爬山的人半路不見了，家屬重金請「跑山獸」幫忙協尋，結果找回來的都是冰冷軀殼一具……。

這些不都跟自己的狀況很類似？加上過去自己也愛爬山，這些遭逢意外山友所走的路，很多都是自己走過的啊！天哪，周遭有這麼多意外，想想自己真的體力大幅下降、注意力也不集中，眼看一天天老去，他很想重拾以前的生活，努力活回健壯的自己，誰想那麼快衰老！但又羞於找老朋友，而且動不動頭暈腳麻，身不由己，最嚴重的是記憶力衰退經常忘東忘西，那天連摩托車停在哪都忘了，還勞動朋友陪著四處找，卻怎麼樣都記不起來……

那一天，天氣還不錯，大伯難得出門一趟，結果卻

驚惶失措地出現在住家大門口，累得滿頭大汗快虛脫了，管理員趕快出去幫他開門攙扶他進來：「怎麼了？發生什麼事了？」

又喘又累的大伯一時之間還真說不出話來，管理員趕忙扶他坐下倒了杯水：「家裡有人嗎？我叫你兒子下來好嗎？」大伯點點頭。

打電話上樓，但家裡還真沒人，回過神來的大伯這才開口：「車子，我車子不見了！」「嘎，在哪掉的？怎麼不見的？那你怎麼回來的？」

喝了水、緩過氣的大伯這才慢慢把事情講清楚，原來他去附近便利商店買東西，出門前兒子還再三問他，「你真的要自己去嗎？我幫你買不好嗎？」大伯非常堅持要自己去，還跟兒子拿了摩托車的鑰匙，終於他出了門、買了東西，結果一出超商店門巧遇鄰居阿坤，兩人就在大馬路邊聊了起來，眼看氣溫越來越高，談興已漸被熱融，大伯心想還是回家好了，結果才跟阿坤話別，沒想到轉頭就找不到車子了，「哎唷！阿坤啊，我車不見了！」他朝走向對街的阿坤大喊。「你

幾時停的？停哪兒了？怎麼會不見！」阿坤連忙過來
相詢，也急著幫忙四處看。「就在這裡啊，才停一下下，
進去買個東西出來就不見了，是被偷了嗎？」

大伯渾身大汗緊張死了，路人也幫不上忙，就聽到
他大呼小叫的，「去派出所吧，備個案，最近好像有
幾個人掉車へ。」阿坤給他出主意，「我陪你去。」
阿坤超好心。

於是兩人就慌慌張張走去兩條街外的派出所，警員
好心給他們倒茶，叫阿伯靜下心來好好回想，車子到
底停在哪個位置，做了筆錄，畫了個位置圖，請他回
家等消息。

大伯很懊惱的走出派出所，阿坤說還要辦事，大伯
就一個人訕訕地、步履蹣跚的走回家，邊走邊嚷嚷，
「這社會治安太壞了，什麼東西都要偷……」

大伯對著管理員訴說丟車記的前後，但管理員越聽
越覺得納悶：「伯啊，我剛才看見你兒子騎車出去へ！」
對啊，大伯家才一部摩托車，如果兒子剛才騎車出去，
那大伯騎的是誰的車？這事未免有點烏龍了！

「伯啊！你真的有騎車出去嗎？如果有，你應該有車子鑰匙啊，鑰匙在身上嗎？」

大伯上下裡外摸了半天，沒有，「那是我丟掉了嗎？掉在哪兒了啊？」這是怎麼回事啊，大伯是騎車出去的嗎？還是他壓根沒騎車，是用走的？若是後者，那車子不見了是他想岔或記錯囉？但大伯始終不認他沒騎車這件事，還在那邊左思右想找鑰匙，我的天哪，這下可嚴重了！

大伯現在更擔心了，到底車子是不是他騎出去弄丟的？如果沒丟，那他去派出所做的筆錄算謊報囉，這樣警察會不會找上門？這下可怎麼辦！但他明明就有騎車出去啊，這事怎麼變得莫名其妙，當下，他沮喪得不得了，只好乖乖等兒子回來弄個明白。

事後證明，當然是大伯搞了大烏龍！

其實，大伯退休後，小兒子就發現老爸行為有些怪怪的，好不容易連哄帶騙讓他去醫院，經過無數次的檢查，醫師認為他有「認知失調」的疑慮。「所謂認知失調，是指當人擁有兩個相互矛盾的想法時，會產

生不安的感覺。而為了改善這種不適感，人們會不自覺地改變原來的行為或想法，以安撫自己所相信的理念與行為間其實沒有衝突。」小兒子轉述醫師說法對小樹說：「簡單講，它就是一種類似自圓其說或自我哄騙的行為啦。」儘管經歷無數次回診服藥，但是對於大伯的行為改善仍極其有限！

　　對此，神奇阿伯跟小樹說：「你大伯每天都怕這怕那的，生活因此失去了喜悅，所以悲傷、痛苦就像春風吹又生的雜草，循環往復，沒有盡頭。」

　　「那我們能幫他嗎？」小樹問。

　　「現今面對認知失調，首先想到的還是利用藥物與陪伴來解決。其實，若從最基本的心念開始處理，也不失為一妙方：先處理人的思考模式，用正念冥想等來幫助患者解決心理問題，或者因應個人不同體質，採用音樂或芳香療法，乃至穴道按摩等等，只要能減輕症狀，都算是好方法。但因每個人的失調程度不同，要改變他們認知的方法也各異，若能替生命找到為別人付出的喜悅、與懂得為別人付出與感恩，也許會是

一條不錯的捷徑。」

「聽起來好像滿有希望，但我們要怎麼做呢？」小樹急切追問。

「那，我們就來製造一些情節，讓他可以因行善而改變認知吧！」阿伯笑著回答。


就在事件簿預告大伯意外的那天清晨，小樹在神奇阿伯的口罩指示下來到大伯家社區門口。大伯家的社區有出入大門口，管理員都是在外邊大門口警衛室站崗。大伯剛下樓，看他全副武裝正是要去爬山的樣子，大伯看見小樹，開口打招呼，小樹特地看他背包外側，嘿嘿，果然沒帶水瓶，正要提醒他是否該回家拿，這時忽然聽到警衛室隱隱有哭聲，兩人轉身探看，還真的是管理員在哭！而且看他情緒很是激動，看來這哭聲暫時是止不住的，小樹和大伯因此都停下腳步，一時之間有點不知所措。

小樹連忙趨前問管理員發生什麼事，他哽咽說道：「我……我家失火了！」管理員收到火警訊息，他的

老母親和幼兒還在家裡，也不知是否平安？電話也打不通，他都快急死了，但偏偏又不能擅離崗位，六神無主的他也找了大樓管委會主委，但對方沒接電話，求助無門下只能激動落淚！大伯聽著聽著，表情難過起來，卻不知該怎麼幫他才好？

這時，神奇阿伯透過口罩傳來聲音，指示小樹對大伯說道：

「大伯，你對社區比較熟悉，你可以替管理員站崗一下嗎？」

聽了小樹的話，大伯猶疑了一下：「可是我正要出門，已經跟幾個朋友約好去爬山，而且我不知能不能幫上忙？萬一有人要找管理員處理事情之類的，那我該怎麼辦，我處理得來嗎？」

「不會啦，您就代班一下，時間應該不會太久，明天你再去爬山就好啦，我可以陪你去呀！」小樹說服大伯，同時催促管裡員：「你趕快回家去看看吧。」至此，大伯只能勉強點頭答應，打了幾通電話跟朋友取消約定。管理員一邊將值班背心套在大伯身上，一

邊迅速交代值班事項，就火速騎車返家。

「大伯，這社區鄰居你都認識嗎？」滿頭白髮的大伯搖搖頭。

「有的認識，有的不認識，大部分沒有機會往來。」穿著值班背心、坐在警衛室的大伯渾身不自在。

「那很好啊，我們可以趁這個機會來多多認識您的鄰居呀。」大伯聞言僵著臉，不置可否。

「大伯，我去超商買杯咖啡喔。」

小樹藉故跑出去給大伯製造機會，這時有位太太提著滿籃的菜走進來，正忙著掏口袋掏皮包滿頭大汗。

「請幫我開門？我忘了帶鑰匙，咦，管理員呢？」

「他有事回家一趟，請問妳住幾樓呢？」大伯硬著頭皮怯怯地問。

「四樓之五呀！咦？你不是林先生嗎？怎麼是你在站崗？這是怎麼回事呀？」」

「聽說他家失火了，我代他一下，讓他回家去看看。」大伯似乎不太記得這位太太，心想這是他的鄰居嗎？

「哇，值班很辛苦喔，林先生，如果需要休息一下，你儘管通知我，我今天也可以來代班。」

「好的，感謝！」給這位太太開門後沒不久，又有一位阿婆開門進來了。

「咦，管理員不在呀？那我有信怎麼辦？你幫我查一下。」老人家一副狐疑的樣子，口氣也不太好。

「好，我來幫你找找看，請你等等。請問是哪一樓幾號？貴姓大名？」

大伯睜著老花眼很吃力地尋找，整個抽屜翻了又翻，櫃子上也找了一會兒，老婦人有點不耐煩，皺起眉頭沒好氣：「有事就應該請公司派人來支援，怎麼可以這樣沒交代清楚？這樣很不負責！」大伯還來不及道歉，婦人就離開進大樓了。

還有些住戶看都不看一眼，只顧滑手機就逕自開鎖出門去。

還有位年長的奶奶，居然站在大門口跟一位年輕人聊天，年輕人聽說她超過一百歲了，嚇一大跳，不忘請教老人家有什麼長壽祕訣，老太太笑答：「人生在世，

曲折坎坷，不如意的事十之八九，但我有一帖靈丹妙藥，那就是每天花三分鐘時間感恩。用一分鐘感恩父母、丈夫、兒女、鄰居和陌生人；一分鐘感恩大自然給予的種種食物與物質，滋養生命，一分鐘感恩每一個祥和、溫暖和快樂的日子。每天花三分鐘感恩，時間不長，但效力很大。它能平息怒火，遏制衝動，換位思考，寬容諒解。只要記住別人所做的一切，充滿感激地去回報，你就會得到更多的快樂和愛。要懂得感恩，時時感恩就有正向能量，就會有好事發生喔。」老太太侃侃而談，年輕人聞言點頭如搗蒜，兩人就這樣邊走邊聊進門去了。

大伯仔細聽著老太太的一番話，聽到最後有點意猶未盡，怎麼自己從來都沒這麼想過呢。忽然，聽到有個小男孩大喊：「媽媽妳看，今天好開心，是聖誕老公公來門口站崗耶。」於是媽媽趕緊叫孩子：「趕快跟聖誕老公公說感謝喔！」孩子笑嘻嘻地立正舉手在帽沿行童子軍禮，大伯也微笑著很快回禮說不謝不謝，心想：莫不是自己一把鬍子，加上中廣身材，再搭上

紅色的值班背心，確實有些許聖誕老人的味道！而偷偷站在一旁觀察的小樹，見狀也差點笑翻在地。終於，大伯臉上的糾結鬆開了，他久違的笑容，看來是多麼可愛啊。

快近中午，稍早那位提菜籃的太太帶來了水和便當。

「林先生辛苦囉，要不要我來給您換班，您去用餐？我給您帶了一些家裡隨便做的，一起吃！一起吃！」大伯開心地搖頭直說不用不用、感謝感謝。

先前那位找不到信件的老太太也冒了出來，捧著水果要給大伯。

「不知道你是鄰居，這麼有愛心，幫忙代班，還對你生氣，不好意思不好意思，我真是老了沒修養喔，以後你有什麼需要幫忙的，請別客氣，我也會盡力，大家都是好厝邊嘛。」

大伯終於體會到，這個社區其實滿多有愛心的人，是很善良的社區，只是他過去沒發現罷了。

不久，管理員終於回來了，他一再握手鞠躬感謝大

伯，說幸好火沒燒到他家，也已經撲滅了。他回家把受到驚嚇的一家老小暫時帶去附近親友家安頓，很感謝大伯仗義，讓他可以回家處裡。說著，他又對大伯深深鞠躬。

這時，大伯的小兒子也出現了，他擔心老爸去爬山是否平安返家，所以提早下班回家。但一進社區大門就聽到感謝聲不斷，結果還看到老爸在警衛室裡笑臉迎人，這到底是怎麼回事？不過，也好久沒看到他這麼開心啦。

他哪裡知道，原來一場突如其來的巧「安排」，竟讓活了大半生的老爸，這下終於知道舉手之勞的快樂了，行善永遠不嫌遲，知道也不嫌晚，能知即行就可以跨過人生駁坎更上層樓！

當然，大伯並不知道他也因此越過很大劫數，逃過一場意外，他的墜谷失蹤驚魂記，自然從未來事件簿上一筆勾銷了。

神奇阿伯告訴小樹，大伯已經解開了心鎖，常年鬱積在胸中的氣結打通之後，可以請鄰居小龍來教他按

摩穴道，只要情緒好，每天緊繃的肌肉自然得以放鬆，晚上睡得好，腦力有充分的休息與恢復，就可以讓他的認知失調日漸恢復正常。

　　大伯的小兒子也決定帶他去慈善團體做環保志工，讓老爸投入人群，讓他有更多人際互動，有更多事情可做，相信老爸每天一定過得更快樂更健康！

**給自己來點正能量**

我很尊重長輩說的話

我願意學習長輩寶貴的經驗

帶著愛和創意善待身邊的長輩

我會給長輩優雅轉身的友善空間

事件 **5**

## 以寬恕對待自己

小樹信手翻著未來事件簿，心底不免驚訝：為什麼裡頭不時出現熟識親朋好友的名字？他忍不住戴上口罩呼叫神奇阿伯：「為什麼未來事件簿裡面出現的都是我的親友名字？這到底是怎麼回事，我的親人都是好人呀！」

　　這時，神奇阿伯的細說從頭，透過口罩掛耳線傳來：「過去生，你的親友們都是山上同一村的人，因為乾旱收成不好，無法自給自足，就開始結夥搶劫路人財物與糧食，成為惡名昭彰的村落，卻也因為彼此的因緣牽引，到了此生就成為家人……成為家人與現在的命運安排，這一切都不是偶然，而是上天所賦予你們生命的意義。」

　　小樹似懂非懂的點點頭，阿伯的話直白的講，就是上天自有安排吧。反正現在有神奇的阿伯幫我，我一定要盡全力拯救這些親友免於意外，小樹在心底默想，並立下堅定的心念。

　　就在此刻，未來事件簿上赫然浮現表哥初盛的名字：因為生病，加上失戀，雙重打擊下，他在一週後將會

因殺人而坐牢！

　　小樹的父親共四個兄弟、三個姊妹，小樹父親是老三，因此小樹有一堆數不清的堂表兄弟姊妹，平時大家少見面，但逢年過節還是會聚在一起。彼此之間原本互相認識，加上有些年紀相隔不遠，共同世代有共同話題，所以偶爾還是會互相聯繫關心彼此一下。

　　初盛表哥是二姑的獨子，若因殺人入獄甚至淪為死囚，那二姑豈不要哀痛欲絕啊。小樹心想：「二姑待人超好，是善良的大好人，如果獨子變這樣，那她就太可憐了，我一定要幫她。」

　　「到現在，你應該相信未來事件簿所載的一切都會是真實的吧。你是不是該去阻止你表哥啦？」透過口罩，阿伯的聲音告訴小樹：「他的負面情緒持續累積在身體裡，當身體承受不住，就會結束生命。」

　　「那要怎麼幫他呀？」小樹問阿伯。

　　「看醫生或吃藥有用嗎？感覺堆積在身體和心裡的毒素要一起去掉才行啊。」小樹接連提問方法。

「也許，推拿、按摩的法術會有效喔。」阿伯思考片刻後回答。

小樹想到，鄰居小龍哥正在學推拿。

「阿伯，那我可不可以請小龍哥來幫我？他剛好在學推拿。」

「可以，但他技術還沒成熟，我想，也許讓你們先去修練，我先送你們到地牢裡面的解敷室去學一些技巧好了。」

「地牢？解敷室？那是什麼樣的地方啊？」

「所謂地牢，就是用許多汙言穢語，不管是憤怒、侮辱、貪婪、怨恨等等情緒引發的傷人話語與負面能量所形成的空間。至於緊鄰地牢的「解縛室」，則是為了解救與撫慰被緊縛在地牢裡的人而設，也是這次要送你們去學習的地方，去吧，實地去看看你們就會知道了。」

「好，我去。但怎麼去？很遠嗎？」小樹一臉迷惑。

「一樣啊，只要有魔法口罩，且心中堅持相信，你可以迅速到達任何你想去的地方喔。」

「嗯，那小龍哥怎麼辦呢？」

「我會讓他學會按摩技巧，然後只留下技術在身，至於其他的相關記憶都會消失。」

「那要怎麼弄呀？他該不會因此得失智症吧？會變得癡呆嗎？」

「當然跟你想得不一樣啊！他一點都不會受到傷害啦，相信我，人類的腦筋還沒擴充到我這個次元，所以你無法想像，但我保證，小龍除了能增強靈覺，還有按摩技術會像神之手之外，他是完全不會有任何副作用的啦！」

聽了阿伯一番話，小樹覺得真的太神了，於是連忙打電話給小龍哥。

「小龍哥，我跟你說，你跟我去一個神奇的地方，那是一個會讓你推拿技術大進步的地方喔。」

電話中的小龍甚是懷疑，正在猶豫時，小樹學神奇阿伯的話，對小龍說：「信任我，跟著我做就對了。」就憑著這句話，小龍跟著小樹去見神奇阿伯。

初次見面，阿伯也給了小龍一個蜂巢圖案口罩。

小龍一臉疑惑看著小樹，小樹眼神示意小龍換上蜂巢圖案口罩。戴上口罩，耳畔竟傳來奇怪老人聲音！小龍嚇一大跳，小樹連忙安撫並大略說明讓小龍稍安心。於是小龍跟著小樹一起聽阿伯口誦：「閉上眼，身體轉圈，放空雜念，無聲複誦：縮地，縮地，縮地，三次，你們會看到一道強烈的光，光會帶著你走……」

　　「啊？真假？太神奇了吧！」小龍喃喃自語閉起眼擔心的問：「我們應該回得來吧？那這位奇怪的阿伯也會在場嗎？」

　　「我是在另一個時空與你們同在，放心，你們聽得到我的！」

　　兩人照著阿伯的指示，跟著光走，走過時，小龍初次體驗到小樹當初經歷的那種彷彿全身細胞都劇烈震動的搖晃感，雖然只有短短幾秒，卻讓人直覺恍若重生，驚恐未定之餘，兩人已來到黑暗的地牢。

　　地牢的大門霍地開啟，濃濃的臭腥味撲面出來，「不行了！這味道讓人受不了了！」儘管戴著口罩，但那無法形容的可怕氣味還是讓兩人快要窒息。

「這個空間是收集人們負面情緒的牢房，所以裡頭充斥著憤怒、悲傷、恐懼、厭惡、擔憂、抱怨等等的負面情緒，如果滯留此處過久，對你們的身體是很危險的。」

阿伯指示兩人盡快通過地牢，前往隔壁的「解縛室」去。隨著地牢鐵門在他們身後「碰」地一聲關上，阿伯下了一個指令，隔壁「解縛室」的房門隨即打開，眼前景象令兩人彷若從地獄直升天堂：抬頭望，天花板即是星空；室內則充滿祥和寧靜的氛圍，唯一比較突兀的就是房間中央類似診療床的設備，讓人以為置身高級健檢中心。

只見疑似診療床旁佇立著一位面無表情的使者，聲音輕柔地說：「歡迎兩位來到解縛室，有莫大福分的人才能穿越地牢來到這裡，不知兩位對這段路程有什麼感受或想法呢？」

小樹說：「剛剛那裡讓人心生恐怖與嫌惡，雖然只是短暫停留卻讓我感到身體很不舒服。」

小龍也說：「但是一進到這裡，整個身心就覺得很

寧靜，好像有一股正能量在心裡湧出，剛剛身體不舒服的感覺都全部消失了。」

使者點點頭：「很好，記住這就是你們的第一課，能量與身心靈的關係。」

小龍點頭說著：「的確，心中負能量高的時候，身體也會跟著出問題，我去打工學推拿，有些客人剛進門時大多面色不好甚至眉頭深鎖，但是經過推拿之後，都有感覺他們似乎鬆了好大一口氣，臉上表情也顯得放鬆許多。」

「你說得對，如果能夠幫助人們排除身體裡的負能量，你也是在藉由助人累積自己的福報。等等仔細看著我怎麼做。」使者說。

此時有位婦人從剛剛地牢的方向走進來，在明亮的解縛室裡婦人身上只呈現黑灰白色，使者示意她躺在白色的診療床上，接著從頭到腳按著穴位與筋絡，由上而下、由內而外，隱約見到婦人身體內有無數的黑色線條，隨著使者按壓穴位與筋絡之後，一條條黑線漸次轉紅，婦人也慢慢的恢復血色而不再是黑白，表

情也變得很放鬆，並展現出愉悅的微笑。

　　小龍全程專注看完之後，恍然大悟的說：「當我用心感受到能量的轉換時，可以察覺到對方的能量流動，從使者身上看到一心助人的初衷，那是正向能量，可能是打開心結的關鍵。」接著，小龍也聽從使者的指示，學著按壓穴道。

　　「真的，我光在旁邊看，好像就感受到一股祥和的氣氛耶。」小樹看著也若有所悟地說。

　　使者點點頭：「很好，你們都有學到最重要的心法，加上小龍剛學到的手法，去吧！去幫助更多人，祝福你們解開人們負面情緒的鍊鎖。」

　　阿伯指示他們快速離開往小樹二姑家，於是兩人再次用縮地心法，跟著光來到二姑家門口。

　　二姑正在門口掩面哭泣著，小樹喊了聲二姑：「二姑，你怎麼在這裡哭呢？發生什麼事？」她聞聲驚訝抬頭，端詳兩人，遲疑了好一會兒，才認出是小樹和他多年鄰居小龍，於是邊擦淚水邊問：「怎麼那麼突然？也沒聽你說，你們怎麼會在這裏？」二姑一邊驚訝問道，

一邊逕自流淚又道：「唉！還不是你表哥他……」

此時口罩掛耳線端傳來阿伯的聲音，要小樹跟著他對二姑說話。

「初盛表哥怎麼了？可以說來讓我知道嗎？也許我可以幫上忙。」

「你也知道，你姑丈很早就走了，是我扶養你表哥長大的。本來以為他當完兵回來可以陪伴我，開始分擔家計，這樣我也就比較輕鬆了。誰知道他卻意外車禍導致脊椎受傷，躺了一年多，動了五次手術，醫生說要長期復健，但是他意志消沉，後來女朋友也受不了跟他分手，所以他現在更不想復健，一天到晚想自殺。唉！我的人生已經沒指望了，我也想過，乾脆跟著他一起去死算了！」二姑泣不成聲地說著。

「這場車禍粉碎了我的想望與初盛的未來，交往三年的女友，居然說走就走，讓他打擊太大，我也不知道未來要怎麼辦，這種苦，感覺沒有盡頭呀！」二姑深切的悲傷，讓小樹有點心酸。他閉上眼悄聲問阿伯：「怎麼辦呀？」

阿伯依然如常：「你就繼續跟著我說話啊。」

　　「二姑你辛苦了，有什麼我可以幫忙的嗎？我們去看看表哥好嗎？」拗不過小樹請求，二姑帶著兩人走進屋裡。

　　「初盛是脊椎受傷，躺在床上已經一年三個月了。只要他能恢復健康，再怎麼辛苦我都不怕。」二姑邊走邊描述兒子情況：

　　「他從小就很乖，又很貼心，他是學地質的工程師，大學時就得過許多獎。當完兵回來後其實有找到很好的工作，但現在，他只想死。」

　　「開刀後，可能因為無法用力，坐不起來，覺得自己廢了，讓他很沮喪。」說到這裡，她又哽咽了。

　　在房裡床上，初盛醒著卻緊閉雙眼，是一種拒人千里之外的樣貌。

　　「初盛，表弟小樹和鄰居小龍來看你了，你睜開眼看看他們吧。」

　　「一天到晚找人來說教？很煩！不想見！讓我自己安靜一下好嗎？」

「初盛哥，我小樹啦，我跟小龍哥一起來看你。真的好久不見了……讓我們試試看怎麼幫你好嗎？」小樹誠懇的說。

「如果你們要來幫我，那就幫我去死吧！我已經沒用了，不要浪費時間理我，你們走吧！」初盛冷冷地輕嘆一口氣：「讓我死就是最大的幫助，只要我死了，大家就都輕鬆了！」

神奇阿伯的聲音再度在小樹耳旁提醒，你就跟著我說話。

「初盛哥，你從以前就很為別人著想，就連剛才說的話，也都是在替別人想喔，因為你希望別人都輕鬆，你真的是我見過最貼心的人，你真的很棒！」初盛乍聽有點驚訝，怎麼這小表弟說話突然這麼奇怪但又顯得成熟，吃驚之餘，小樹親切的話語，還是給了他一絲溫暖與勇氣。深深思索深陷其中的困境，初盛終於說道：

「我消失對大家都好，媽媽可以不用再擔心我，女朋友也可以放心跟別人走，你知道嗎，她居然跟我的

好朋友在一起耶！既然大家都因為我活著而痛苦，如果我不在了肯定對大家都好！」

「你絕對值得活下去，你是優秀的工程師，應該為社會多做點事呀！我們想想怎麼來幫你吧。」

「恐怕你要白費力氣了！我五歲就沒了父親，媽媽帶大我已經很辛苦了，現在還要讓她操心且加重負擔。我左思右想，只要我消失她就輕鬆了，我眼前只有這一條路了，你還是回去吧！」

此時小樹與小龍聽到阿伯說：「他是被情所困，亂了心，他的身體是可以恢復的，但是心碎了，比較難修補。小龍就先幫他按掉卡在身體裡的負面情緒吧，你跟著我說，幫初盛推拿看看吧。」

小龍就依指示對著初盛說：「好，如果我能幫你把身體的力氣恢復了，那你願不願意改變呢？」

初盛聞言思考了好一陣，終於抬頭說：「那是不可能的，我現在全身都沒力氣，連想殺人或自殺的力氣都沒有。」

「我知道你一定覺得不可能，但是我最近遇到的事，

也讓人無法解釋，反正你就暫且相信我，這對你也沒有損失呀，若真的沒有改善我們馬上轉頭回家，你就讓我們試試看，能不能幫你找回一點力氣吧。小龍哥最近有學推拿，他有一身好手法喔，你就讓他試試好嗎？」小樹幫著說服。

初盛心想，若不答應不知他們還要糾纏多久。為了讓兩人早點離開，就勉為其難點了點頭。

「那我先幫你按按膝蓋跟手腳，好嗎？」初盛輕點頭，阿伯隔空透過口罩指導著小龍。

於是，小龍先從初盛的膝蓋開始按下去。

「膝蓋這裡會痛嗎？」

「哇～很痛耶！」

「有痛就表示有知覺，原來能量是卡在這裡。你先放輕鬆……」小樹邊跟著阿伯念叨，邊依著阿伯指示動作，用雙掌輕輕地搓捏初盛的膝蓋：「膝蓋疼是說你的自尊心太強，不願意彎曲，所以裹足不前。你要學習謙卑，而且要發願：當你恢復力氣時，願意花時間去服務別人。」

接著小樹像誦咒般對著初盛的膝蓋講話：「放空，你沒事，你沒事，你只是受到驚嚇！放下！你沒事，你沒事，你只是受到驚嚇！你沒事，你沒事，你只是受到驚嚇！」小龍邊唸，邊輪流按摩初盛的左右膝蓋，直到稍微柔軟。

　　再來是小腿。

　　「啊！小腿也痛。」

　　「小腿肌肉痠痛是情緒過度緊張。缺乏安全感的焦慮和緊張，導致小腿痠痛無力。」

　　「從心念出發，為自己的一切負起責任，就會越來越穩定、越來越強大有力。」小龍邊按摩邊對著小腿說話：「放空，一切都沒事了，你只是受到驚嚇！放下！你沒事，你沒事，你只是受到驚嚇，你沒事，你沒事，你只是受到驚嚇！」初盛的嘴唇稍微動了動，直到小腿柔軟了。

　　「來，接著按摩你的腳踝，這裡反映你接受愉悅的能力，腳踝太僵硬了喔，這表示你被困住了！」

　　「也許某種過去的創傷或原因，你把自己困住了，

導致你並不想讓你的生活往更愉快的方向發展……所以要對自己說：我允許自己幸福、愉快，要多愛自己一點，我願意打開困住自己快樂的牢籠。」

默念幾次，與按摩柔軟後，小龍越來越順手了。

「再來是腳底，它堪稱是所有負面能量的集中地，消極悲觀的情緒很容易卡在這裡，鬱積日久導致腳底板疼痛。」

「啊？腳底也要？」初盛驚訝問道，同時感受到下半身一陣輕鬆與暖意，感覺這一切好像在做夢。

「要對治腳底疼痛，你就要釋放負面情緒，要撫慰內心受傷的部分，讓光明進入你的心裡，讓它充滿活力。」腳底按摩近尾聲，小龍隨之做結：「讓快樂和希望充滿生活，告別累積在腳痛的煩惱吧！」

按摩已持續進行了一個多鐘頭。在這當下，二姑與初盛都全心全意的專注於小樹與小龍所做的一切，當然他們並不知道有對著小樹和小龍隔空指導的神奇阿伯存在。

休息片刻後，小龍繼續為初盛按摩。

「來，你深吸一口氣，我們坐起來。我再來按按你的手。」

「不可能，怎麼可能？我已經躺了那麼久，早就沒有起身的力氣了。」語氣虛弱的初盛，一臉不可置信地回應著。

「不試怎麼知道不可能？來吧，試試看。」

「初盛哥，放輕鬆，沒事的，先把心平靜下來，深呼吸，再次呼吸，跟著心，想像著你背後的脊椎一節一節連接起來，然後試著慢慢地坐起來。」小樹輕柔地慢慢地拉住初盛的手，讓他極其緩慢且歪歪斜斜地支起上身，小樹此刻瞥見，原來初盛身下竟還藏著一把小刀，小樹順勢緊抓住初盛手臂，小龍開始按摩他的手肘。初盛又疼痛地大叫，小樹喃喃問他：

「當你痛的時候，你想到誰？」

「媽媽！媽媽呀！」

「那把刀是你想用來殺人的吧？」初盛點點頭。

「因為我要報復對方的背叛，然後我也想要自殺。」

「你這樣做，殺的會是你媽媽的心！但其他的問題

依然存在，你的媽媽將因此痛不欲生！」初盛一張臉隨即漲得又青又紅。

小龍接著說：「來按按手肘！」初盛又喊痛了。

「手肘疼痛，表示你必須『放下』。要放下想要擁有、想要抓住，以及自我對某些人、事的觀點；如果不願意作出任何改變和妥協，你的生活會因此僵化，在人際關係上也會遇到問題。所以你應該多接觸人群，結交新朋友，建立新的人際關係。」

「是呀，我也很想要放下一些固執，聽從別人的意見，做出妥協與改變。」初盛羞慚的說。

小龍將初盛兩條手臂推拿完，爽快地說：「試試看，慢慢地站起來吧！」

「放心！你有能量站起來的，你沒事的，你有能量站起來的，你只是受到驚嚇而已。」小龍輕聲說著，同時拉起初盛的手，引導他雙腳接地，緊接著，不可思議的景象竟出現在眾人眼前，彷彿慢速撥放的電影一般，初盛奇蹟般緩緩地站了起來。

「哇！神明保佑！你居然站起來了？你真的站起來

了！」媽媽喜極而泣呼喊著。

「表哥你不會死，也死不了的。」

「這真的是奇蹟！」彷彿重生的初盛，好奇地觸摸自己手腳跟身體。

「這是怎麼做到的？也太神奇了吧！」初盛問。

「因為悲痛產生的暗能量，身體都會知道，結果就卡在身體裡，現在已經幫你按掉啦！」小龍說。

但快樂不過三分鐘，初盛卻又沮喪地坐回床上，眉眼又回復寂寥疏離。

「但是我現在什麼都沒有了！」他一想到未來，原本欣喜的心情又跌回谷底，眼眶又泛起淚光。

「你是說工作嗎？還是你女友的事？是女朋友的事吧？」小樹問。

「是啊！她居然跟我最要好的朋友在一起，很難相信吧？生命中重要的兩人一起背叛我，我實在很想殺了他們，大不了大家一起死。」他垂下頭，雙手掩面。

此刻，小樹耳際傳來阿伯叮嚀，他依指示握著初盛的手說道：「你一定很憤怒，也很委屈！」小樹的話

觸動了他，因為自己的委屈有被理解與安慰，初盛的眼淚默默流了下來。

「那麼我想請你再思考一下：憤怒的背後是什麼想法？」小樹繼續跟著阿伯指示說著。

初盛低頭細細思索了一會，淚水在眼框裡打轉：「他們兩個人居然一起背叛我，這讓我痛苦憤怒，他們怎麼可以對我做這種事？怎麼可以？為什麼這樣對我？我哪裡不好嗎？」一連串的追問，顯見他心中的不解與憤恨。

「想像一下，如果你是牆壁上的一隻蜘蛛，單純的看著眼下一對人類戀人，那你會有什麼感覺？」

初盛思索一會兒：「那只是別人在談戀愛呀。但是，他們……」

「想像一下，如果他們不是你的誰誰誰，那你還會因此而憤怒嗎？可以感受得到，因為失去，所以讓你憤怒；你是不是覺得自己被否定，而感到空虛、脆弱、不完整？」

「是的，我覺得被徹底的否定！整個人也感覺不再

是完整了！」初盛沮喪地說。

「以前女友的愛，能讓你感覺完整，是嗎？」小樹繼續問。

初盛沉思片刻：「其實，我認真細想，好像也不完全是因為她的愛而完整。可能是無法接受失去，所以會有沉重的失落感吧。」

「你的完整從來不會是因為外來的愛，而在於你如何看待自己。愛的感受，源自於你的心。」

透過口罩轉述阿伯的話，小樹心底也有深刻體悟：愛源自於心。原來那些以為失去的愛，其實從未消失。

初盛聞此亦默默點頭，神情顯得鎮定。

「緣分來去，一切的安排都是上天最好的安排。」小樹跟著阿伯的指示繼續說。

「努力學習愛，也要學習分手。如果她回頭，你還能接受嗎？」

初盛低頭想了想，謹慎地回答：「不要，人家說覆水難收。但我還是覺得沒有安全感，很難受！」

「那在沒有交女友之前，比如說你小時候和誰在一

起會很有安全感，不會感到失落？」

「當然是媽媽呀！」二姑聞言趕緊上前，緊緊地擁抱愛子初盛。

「除了媽媽的愛，還有嗎？只要過去曾有過完整感的心理感受，都是你現在可以運用的喔⋯⋯所以，把腦袋裡的煩惱清一清，跟自己的心在一起，問問『心』真正的需要是什麼。」初盛驚訝地望著小樹，這小子怎麼能講出這樣深刻的話？

「現在失去的，真的完全無法補救了嗎？難道你的生命中沒有其他重要的人嗎？」小樹接著問。初盛思考片刻搖搖頭說：「小時候我有媽媽還有爸爸，但後來爸爸不在了！」

「媽媽一直都在，會一直陪在你身邊的呀，寶貝兒子！」二姑焦急地回應他的心情。

「你會想念爸爸嗎？」小樹問。

「五歲的時候，我爸工作時發生車禍意外走了，我還記得他對我的疼愛。」初盛沮喪地低下頭。

「你想像一下，如果爸爸現在出現在你面前，他會

怎麼對你說？」

他思索了一會，斷斷續續說道：「我想爸爸會說，我要振作起來……一切都會好起來的，要照顧好自己，也要照顧好媽媽。」

「那你要不要這樣做呢？」

「再想像你爸爸在面前，要不要跟我再說一次：感恩爸爸生我，我會振作起來，會好好照顧媽媽……。」於是初盛照著一遍又一遍的念誦，最後，彷彿那些念誦文字已深入他的心底，他整個人因心靈受到鼓舞而顯得精神百倍。

小樹繼續說：「失去的女朋友，或許是緣分不足。該是你的，那就跑不掉。儘管爸爸已離開，但他的精神仍在。媽媽千方百計強忍難過要救你，但你卻忽略了真愛，去追逐不是真正屬於你的愛。造成你的焦慮的是你的感受，而不是事件本身；所以你該選擇改變想法，才能改變你的感受。」

「這我當然也知道，但我就是有那麼點想不開！」初盛低頭慚愧說著：「你已經讓我相信真的有奇蹟存

在了！爸爸雖已離去，但精神彷彿還在我身邊，鼓勵著我。現在我要學著接受失去不屬於我的愛，不是說：該是我的就跑不掉，不該是我的即使勉強在一起，遲早也會失去，對吧？凡事不必強求，緣分不要強留！」此刻，初盛的正能量充分湧現，小樹與二姑聽著他一番正向的話也不斷點頭。

「感恩女朋友吧，因為她的離開，你才有機會內省，你要相信，一切都是最好的安排。」小樹繼續說：「對於他們兩人，你不該有恨，要寬恕，要相信下一個會更好。一定會有更適合你的另一半，正經歷生命的成長在前方要與你相遇呢。」

初盛靜默許久，忽有所悟說道：「對，凡事講求因緣，我不該為此喪志生氣，只有寬心才能讓自己好過。」

「你現在可以自由行動了，下一步要做什麼呢？」

「如果能夠完全康復，那證明天底下果真有奇蹟！我會積極找工作，重新生活，不讓媽媽流淚、擔心，希望有機會也能幫助人，要為社會盡一分力。」講到此，初盛臉上有了光彩，同時趨前擁抱著媽媽。

「媽媽，對不起！我讓你擔心了，感恩您辛苦扶養我長大。還好有妳。」初盛對著媽媽感激地說。

「刀子給我帶走，心中的恨，也一起交給我吧。」初盛把刀子交給了小樹。

「記得要專注地活在當下，不要再被混亂的情緒干擾，你才能完全康復。」阿伯透過小樹提醒初盛。

初盛默默地點頭，很感激地握著小樹的手：「我很慚愧，你比我年輕卻比我懂事，我要向你學習。」

看著初盛閃著淚光的雙眼，小樹用力地點點頭，趁著二姑轉身去廚房為他們倒水的片刻，小樹悄聲跟阿伯說，表哥已打開心結，這些道理都是你教的喔，感恩您，我也學到很多啦。

說完，小樹拉著小龍說要去洗手，待二姑走出廚房，兩人已消失無蹤。二姑訝異兩人怎麼說來就來、說走就走，初盛更感覺好像是夢境一場。自然，兩人選擇直接消失，是依照阿伯指示，避免要多做解釋。

當小樹再翻開未來事件簿時，表哥初盛的名字已消失了，心想：神奇阿伯說過「心念能轉境」，果然，

表哥的心念一轉，他的命運也跟著轉啦。

「透過幫助別人，我感到內心無比充實愉快。真的是太神奇了，我還想繼續做，可以嗎？」小樹若有所感地向阿伯請求。

## 給自己來點正能量

以愛與寬恕釋放過往一切，愛自己，贊同自己

迎接善的改變，選擇改變想法，讓思想得到自由

一切都是最好的安排，我信任背後更好的安排

愛無所不在，我可以愛人與被愛

事件 **6**

## 傲慢是致命傷

放學時刻，小樹揹著書包邊走邊想，最近透過未來事件簿，覺察到親友們的人生正遭遇到各種驚險的考驗，還好在神奇異次元阿伯的拯救行動指引下，最後才能有驚無險地防範未來的意外於未然。

　　他深深體會：遇到重要關卡時，及時援手或當頭棒喝太重要了；因此更加堅定決心要與阿伯攜手當別人生命中的貴人。


　　「咦？志飛，這不是要回你家的方向？你要去哪？」小樹巧遇同校的表弟志飛，他是小樹三姑的兒子，但見他兩眼無神地走在路上，整個人看起來有點恍惚，小樹忍不住上前關心。

　　「我爸要加班，我媽傳簡訊說要晚點回家。我回家就一個人，所以不太想回去。很煩！」志飛嘆了一口氣，看起來很苦惱。

　　「那你等一下買個便當，到我家一起寫功課、吃完飯再回家，還可以來看看來福，如何？」小樹很熱心地相邀詢問。

「也好。」聽到可以跟來福玩，志飛眼神亮了起來。

到了小樹家，兩人吃完便利商店的便當後，志飛就跑去跟來福玩耍，只見來福熱情地嗅聞志飛的手，志飛則是開心地摸著來福的頭。

志飛是三姑的寶貝獨子，三姑把人生所有的期望都放在他身上。對比此刻，小樹覺得志飛表弟明明和自己差不多大，但剛剛放學路上的神情，總覺得他的煩惱看來比自己多上許多。

「志飛，你是擔心下個星期的月考嗎？還是煩惱今天作業很多？」小樹從書包拿出功課準備要寫，順便開口問他。

「才不是！功課我在學校趁下課時間已經快寫完了，月考我很早就開始準備了。」

「那你是在煩什麼？」小樹問。

志飛欲言又止，擋不住表哥追問就說：「啊就……下個星期天是我爸生日，我媽想在中午辦個家庭慶生會；可是……我爸想邀請爺爺、奶奶一起參加。想到這我就覺得壓力很大！」

小樹覺得奇怪：「三姑丈慶生不是人越多越熱鬧嗎？你幹嘛覺得有壓力？」

　　「唉！你也知道，我媽是個要求很高的人，她老覺得我爺爺、奶奶在鄉下種田，沒有讀什麼書。所以不喜歡他們。」志飛越講頭越低。

　　「其實我爺爺、奶奶人很好，從小就很疼我，每次採收水果都會寄一大箱過來。」講到這，志飛的眼眶已經泛紅。

　　「每次看到媽媽對爺爺、奶奶的態度很差很不禮貌，當著他們的面也一副看不起他們的樣子，我就覺得很難過。」

　　小樹好奇問：「那三姑丈怎麼說？」

　　「我媽學歷比我爸高，在公司表現也比我爸好。我媽當上主任後，因為業績表現優秀，所以講話越來越大聲。在家裡，我爸幾乎沒有聲音，一切都是以我媽的意見為主。而且你知道嗎？我媽有三句口頭禪：你懂什麼！你算什麼東西！沒你說話的份！」原本顯得落寞的志飛，學著母親講話的口吻，揚眉撇嘴、輕視

又不屑的表情，此刻看來竟顯得傲慢。

　　小樹想幫三姑解釋：「三姑很能幹，她應該只是刀子嘴豆腐心。因為從小就樣樣優秀，做什麼事都很成功，很會讀書又很會賺錢，所以對自己太有自信，態度或許比較傲慢，但她內心其實很善良，她不是故意要傷人……」

　　「很會讀書又怎樣？很會賺錢又怎樣？人生勝利組又有什麼了不起？就可以瞧不起別人嗎？就可以不尊重別人嗎？這樣怎麼會有真正的朋友呢？」志飛壓抑很久的情緒開始爆發。

　　「每次看到我爸一直低聲下氣跟我媽道歉，但我媽都不聽我爸意見，他在家裡根本就像個透明人一樣，我看了真的很難過。」志飛的臉上布滿陰霾。

　　「我媽常常說爺爺、奶奶的壞話，嘲笑他們又土又俗氣，講話很不得體，是沒知識的鄉下人，我聽了真的很不舒服。」志飛的臉色越來越陰沉。

　　「她是你媽媽，你應該找機會跟她好好溝通，才不會誤會越來越深。」小樹苦口婆心勸表弟。

「就因為她是媽媽，所以我一直忍耐，實在忍不了的時候，我就逃回房間把自己關起來。眼不見為淨！聽不見就不煩！」志飛表情滿是無奈。

「她常說我是她的翻版、說我跟她很像，我才不要！我希望長大以後，不會變成像她一樣沒朋友、孤單的人！」志飛看向窗外濃黑的夜色，手緊緊握拳說：「我很怕我有一天會忍不住，跟她大吵一架！」

「我覺得最近的情緒，已經快要到跟她吵架的臨界點。下個星期天爺爺、奶奶要來，如果我媽再當面嘲諷他們或罵我爸的話，我怕我會大爆發。」志飛邊說邊搖頭，臉色鐵青。

「表哥，抱歉，今天不知道怎麼回事，跟你說了這麼多。我先回去了。」

看著表弟志飛下垂的雙肩，離去時落寞又沉重的背影，小樹急著找神奇的未來事件簿。他有種不好的預感，怕會發生什麼大事。他快速翻著簿子，將魔法口罩放在旁邊，準備隨時要聯絡神奇阿伯。

「是三姑！下個星期日中午從某餐廳門口衝向馬路，被疾駛而過的跑車當場撞到，又被後車追撞，緊急送醫，要截肢才能活命。」看著未來事件簿上文字，小樹一陣心驚膽跳。他迅速戴上口罩，拉動掛耳線，開啟視訊功能呼喚阿伯。

「聽表弟這樣講，雖然三姑嘴巴不好，可是我相信她是好人。外表雖然傲慢、很不尊重人，但她內心肯定也有柔軟溫暖的一面……奇怪？她怎麼會突然從餐廳衝向馬路呢？如果不去那間餐廳幫三姑丈慶生，三姑是不是就沒事了？還是我跟志飛說未來事件簿的事，讓他們不要去那辦慶生會？」小樹思緒翻飛，心想表弟雖然一直在抱怨，但如果三姑真的發生意外，他一定會非常傷心吧。

「你記得我跟你說過：天機不可洩漏，未來事件簿的事不能對別人說，否則後果會非常嚴重吧。」視訊裡阿伯表情非常嚴肅。

「可是三姑為什麼忽然從慶生宴的餐廳衝向馬路呢？」小樹充滿疑惑。

「其實車子本來撞到的，並不是你三姑。」阿伯認真地看著小樹：「但是，意外的根源還是因為你三姑的傲慢所引起的。」

「為什麼呢？」

「因為她得不到別人的愛與祝福啊！你要知道，有能力、又懂得謙虛的人，就會獲得大家支持，也才有辦法達成長遠目標；但傲慢的人只能靠自己有限力量，孤立無援是無法達成長遠目標的。」

視訊裡的阿伯諄諄不倦，同時他的身邊出現一個立體投影視窗。畫面裡大約是中午時分，陽光暖暖地穿透進一間看起來相當古典雅緻的西餐廳，裡面一桌坐著五個人，面前都有精緻的餐點與飲料甜點。鏡頭拉近，桌前多了一份小蛋糕的壽星三姑丈臉上全無喜色，倒像是有點尷尬羞愧的樣子，紅暈從脖子直上耳根，只見他低頭沉默不語。

兩位老人家坐他對面，身上穿著打扮很樸素。衣服有點皺，看得出來已經洗過很多次，布料起了毛球、鈕子也有點鬆動。兩個人的表情都顯得很不自在，不

約而同地想把穿著涼鞋的腳縮藏在椅子底下，盡量不引人注意。

表弟志飛沒有抬頭，兩眼一直瞪著眼前的刀叉與餐盤，好像要把盤中的食物看穿一般。

三姑表情傲慢，對眼前的一切很不滿意。嘴角撇著，口中數落的話語不斷，聲音與動作好像按了快轉鍵般快速流竄。

三姑一下子唸先生雖然多了一歲，可是馬齒徒長、沒有上進心，連基本的餐桌禮儀也不懂；一下子責怪公婆穿著不得體，好不容易預約到知名餐廳，公婆居然像平常一樣散漫、穿了日常便服和涼鞋就來了，又不是吃鄉下請客的流水席。只有志飛比較像樣，有把這次餐聚當回事，服裝儀容和舉止都恰如其分，不然會被整間餐廳的人背後嘲笑我們是鄉巴佬。

隨著三姑指手畫腳、氣焰不可一世的神態，表弟志飛的表情越來越不耐煩，緊握的兩手指節都已發白。

「媽，你太過分了啦！吃再好的餐廳有什麼用？氣氛都被妳破壞了！」志飛忍不住出聲。

「志飛，你就是要學會儀容舉止得體，不要讓別人看不起你。」

志飛瞪了媽媽一眼，突然起身就往門口衝了出去。三姑見狀，很緊張也很擔心地緊追在後，一邊高喊著志飛的名字。而志飛卻像失心瘋般不顧一切地拚命往前跑，看也不看就要衝過馬路。這時，一輛高速行駛的跑車正從左側攔腰而來，眼看就要撞上志飛。大驚失色的三姑不經思索就急忙伸手推開兒子，結果自己卻不小心拐了一下，整個人摔了出去，不巧正跌落在跑車前。

到這裡，視窗的畫面已完全消失，只剩下阿伯定睛看著小樹。

「三姑為了怕志飛危險而推開他，她保護了志飛，但沒想到自己卻被跑車撞上了。」小樹飛快地思索並得出結論。

「你說的沒錯！」阿伯點頭。

「我三姑真的不是壞人！她很愛志飛，寧可不顧自己的生命也要救兒子！」小樹很不忍對阿伯強調。

「愛孩子是天性，孝順父母則是人性，後者更需要修為啊。」阿伯強調。

「我希望三姑能有機會翻轉自己的命運救自己，避開這次劫難。」小樹盯著阿伯，眼神中充滿懇求。

「傲慢的人身處高牆內，自以為是居高臨下、孤芳自賞；其實是阻擋了別人與自己善意的交流與情感的溝通。內心是怕自己輸，但往往也把自己囚困於高塔裡，讓自己更加孤寂。」視訊裡的阿伯感慨地說出自己的看法。

「傲慢的人不知道自己的可憐！」小樹很同情。

「傲慢是一種得不到支持的尊嚴。不過，自滿與傲慢是不容易改變的，加上你又是晚輩，也許會白努力一場，最後什麼都沒有改變。」阿伯提醒小樹。

「沒關係，只要阿伯願意幫忙，我會盡一切努力。」

阿伯沉思後緩緩說道：「除非在一種情況下……她愛的人、在乎的人、身邊的人，集合眾人的力量一起給她建議，再加上有人在旁點醒，只要有機會轉念，讓她不再傲慢，就有可能改變未來命運。」

「聽起來有點難，但我要努力試。」小樹態度非常堅定。

「難得你有這個心，放心吧，我會一路陪著你的！」阿伯輕聲安慰小樹，接著又對她說：「你三姑今天將會遇到一些事，讓她心情很不好。也許這是改變她的好時機。你先跟著我讀一讀她的心事和煩惱，了解她現在的想法吧。」視訊中阿伯身旁的視窗又有了新的畫面，眼前不斷出現幾段像電視劇精華片段的影像與畫面投影。

首先出現的是洗手間裡洗手台與鏡子前兩個女職員正生氣抱怨。

「你還好吧？剛剛看妳又被主任修理，她講話真的很傷人，很不尊重別人。」

「我討厭她事前不教，專門在事後挑毛病。還以為自己很厲害，總是眼睛朝天、用鼻孔看人，傲慢得不得了！」

「當主任有什麼了不起？她每次對我們不小心犯錯都很不耐煩，用那種羞辱人的態度，說我們沒本事又

不努力，能力不足自然會失敗！遲早被淘汰！」

「以為好成果都是她的功勞嗎？業績好是團隊的努力，又不是她一個人拚來的！」

「上次吃飯時，有位清潔阿姨也在場，她居然還說清潔人員哪有資格與我同桌吃飯！她不知道那個阿姨是我們同仁的母親耶，超尷尬！」

「不只這樣啦，聽說她對自己的公婆也很不屑。」

「她看到有人失敗都不會安慰鼓勵，只會挑毛病！想到回辦公室還要看她的臉色就討厭！」

兩個女職員滿臉嫌惡抱怨完，離開了洗手間。

這時，廁所最裡間的門緩緩地打開了，只見三姑臉色凝重地慢慢走了出來。

緊接又換了影像，畫面是公司經理找三姑談話。

「你最近的業績表現實在很優秀，大家都看在眼裡。」聽到一向很賞識自己的經理豎起大拇指誇讚，三姑忍不住得意起來。沒想到經理接著話鋒一轉：「可是你們組員好幾位都來申訴，要求請調其他組或換到別的部門。」

「公司是打團體戰，追求整體業績向上，也不希望太過於個人英雄主義，這樣會傷了和氣也折損士氣。」經理的叮嚀雖然輕聲細語，可是三姑聽來卻覺得心如刀割。

　　「我是好意提醒他們，可能口氣嚴峻了些，讓大家不太舒服。」

　　「我知道你壓力大、求好心切，有時候講話重了點也不是故意的；你再找機會跟組員們好好溝通。你是個聰明人，一定會處理得很圓滿的。我相信你的能力！可以有效率地快速找到錯誤與缺點，但也要有本事看到別人的用心與優點喔。」在經理溫暖的鼓勵與提醒下，三姑低著頭走出經理室。

　　接著畫面閃動，變到三姑家裡客廳。

　　被冷言冷語責備過後的三姑丈，像個影子般默默無聲地走進書房，然後輕輕把門帶上。

　　原本坐在客廳的志飛眼神憂傷地看向書房的門，沉默著，不斷緩慢地用力呼吸，好像在試圖控制情緒。

　　「考試準備得怎樣？應該不會再粗心大意、像上次

考試那樣不小心算錯了吧？有沒有把握？」三姑問。

志飛沒有反應，依舊沉浸在自己的世界。

「我跟你說話你沒聽到嗎？我在像你這個年紀的時候，都是自動自發，不需要有人盯我。我希望你跟我一樣，成為人生勝利組，靠自己不靠別人。」看兒子沒有反應，又再度強調：「這個世界是適者生存的，只有能力夠強、實力夠優秀的人才會有出息，懂嗎？不要自甘墮落，成為扶不起的阿斗，變成金字塔的底層失敗者。」

志飛突然站了起來，頭也不回進了自己房間，還用力大聲摔門。

「這孩子是叛逆期開始了嗎？有誰在乎我更年期快到了，心情也不好啊！」

視窗景象消失，視訊裡的阿伯輕聲對小樹說：「這就是今天發生的事，也是你三姑糾結在腦海的心事。她身邊的人、在乎的人、愛的人看起來像是同時都在打擊她；其實換個角度想：大家是用不同的方式給她

建議，為她好、想要改變她，讓她不再傲慢。只是她現在心中還有迷霧，還沒想清楚……」

小樹點點頭回應：「嗯，所以現在就差一個點醒她的人了！」

阿伯微笑：「你說的沒錯，所以，現在就輪到你上場囉！」


此刻，小樹站在餐廳裡，看到一臉落寞的三姑正心事重重地望向玻璃窗的倒影，桌上的美味套餐幾乎沒有動過。他走過去，很親切跟三姑打招呼。

「好巧！三姑，我要外帶飲料卻在這裡遇到你。太好了！」小樹想起耳邊阿伯的交代，準備跟三姑用說故事的方式溝通。「我們老師出了一個作業，把我難倒了！表弟常說三姑頭腦靈活、從小成績都很好，又很會寫報告，你可以教教我嗎？」

「如果不是太難的話……」三姑遲疑地點點頭。

「不難，今天老師傳給我們一個一分鐘短片，要我們寫心得。可是我不知道該怎麼寫……」小樹一邊用

手機放出影片，一邊複述耳邊阿伯的解說。

「老師說這部短片是一位伊朗電影製片人做的，目的是希望提高人們對全世界窮人面臨長期飢餓問題的注意。」

「這部短片是說一個可憐的爸爸帶著女兒，在一家商店偷了一些麵包。他一轉身，就被店主給攔住了！不知情的女兒天真地問爸爸發生了什麼事。父親正準備道歉求饒，卻聽到店主對女兒說：親愛的孩子，你爸爸忘記把找的錢帶走了。然後店主很自然地把一些鈔票放在父親手裡，好像什麼事都沒發生過一樣。」

「當父親悔恨且無言地低著頭走出店門，在店裡的顧客默默地看到了這一幕。也追過來說：兄弟，你買的那袋米也忘記了，趕緊帶走吧。然後就把手上的米交給那個父親。」

「三姑，這個影片除了教我們要注意全世界有很多窮人正面臨長期饑餓問題以外，是不是還有其他的意義呢？」小樹渴望地看著三姑，等待她的回答。

「你覺得呢？」三姑反問小樹。

「我覺得很感動，那位店主跟送米的顧客人真好。」小樹認真思索。

「我也認為他們的行為很溫暖，除了幫助到人，也顧到了這位父親跟女兒的自尊。那你覺得感動你的點是什麼？你的想法呢？」三姑跟小樹討論著。

「我很佩服那位店主和熱心的顧客，他們有同理心，體會到這個爸爸跟女兒正面對飢餓，不但原諒這個爸爸不得已偷麵包的過錯，還讓他們帶走很需要的麵包、錢跟米；在女兒面前也顧到爸爸的尊嚴，表現得很自然，不讓女兒跟爸爸覺得是被施捨。」這些是阿伯的建議意見，也是小樹自己的想法。

「小樹你說得很有道理。你是個溫暖的孩子喔！」三姑點頭稱讚小樹。

「熱心幫助別人，除了注意別人的需求，還要注意不傷害他們的尊嚴跟自尊。幫助別人是好事，在幫助的同時不傷害到人更是美德。讓人感受被尊重真的很重要。」小樹一字不漏地重複阿伯在耳邊所講的話，尤其是最後強調的「讓人感受被尊重真的很重要」那

句，還很自然地加重了語氣。

「人外有人，天外有天，不起眼的人也可以做出感人的事。」說到此，小樹很鄭重地跟三姑道謝：「謝謝三姑，我知道該怎麼寫心得了。」

三姑點點頭，心底似乎也感到一絲柔軟。

忽然，她愣住了，腦海中強烈交錯兩位女職員嫌惡語氣所講的話。

「還以為自己很厲害，傲慢得不得了！」

「用那種羞辱人的態度，說我們沒本事又不努力！」

三姑臉上感覺有點發熱發紅，接著浮現經理叮嚀的那句話。

「我相信你的能力！可以有效率地快速找到錯誤與缺點，但也要有本事看到別人的用心與優點喔。」

在這一刻，心中那些重重迷霧漸漸消失了，心緒突然變得無比清澈。她瞬間懂得自己向來尊敬的經理講這句話真正的用意。

經理用身教的溫暖鼓勵代替嚴苛責備，提醒了自己應該要注意與改變的事情。

接著小樹的那句「讓人感受被尊重真的很重要」在她耳邊反覆迴蕩。

她想到先生低垂的雙肩與低頭沉默像影子來去的反應；接著又想到志飛緊握的雙拳，與看著父親的背影眼中受傷的表情；再想到志飛看到爺爺、奶奶被自己嘲諷而手足無措時那種難過；她第一次深切感受到自己傲慢的態度和語氣對身邊人的殺傷力。

思考及此，她有一種奇怪的感覺，好像心中高牆的磚石開始一塊塊鬆動，慢慢崩塌，然後漸漸消失。從習慣緊繃的情緒中走出來，她完全不會恐懼也不會擔心。只覺得自己四周流動著讓人舒適愉悅的清新空氣；白雲飄移、綠野遼闊、陽光輕灑的景色與溫度，讓人真的很自在；看到周邊人們友善微笑著來來去去，原來這麼開心。

她忍不住露出難得一見的溫暖笑容，心中對自己說：「我以為是小樹要跟我請教功課，沒想到反過來是小樹教會了我。」

阿伯興奮的聲音隱隱傳來：「我讀到她的心聲，她

被點醒了！」

小樹表情自然，好像什麼也沒有聽到，臉上依然充滿感謝與純真。只是嘴角不知不覺露出一絲不易被察覺的笑意。

三姑沉思幾秒鐘，似乎傲慢的牆已被瓦解，她下了重大的決定。接著她開口邀請小樹：

「下個星期天是你三姑丈的生日，我會買新衣服鞋子送去給我公婆，感恩他們為我培育這麼好的老公，順便邀我公婆一起來參加，你有空嗎？歡迎你一起來，你是我們的神祕嘉賓。」

小樹興奮地露出陽光般的笑容，大力點頭說：「好啊！我很開心能被邀請參加慶生宴會，我會好好準備讓三姑丈驚喜的禮物！」

三姑笑了笑，輕輕地說：「謝謝，你已經送了！」


小樹回到家，眼前視訊再度出現來自異次元阿伯肯定的笑臉。小樹心裡知道任務順利完成了，因為慶生宴不會讓志飛生氣而飛奔，自然就不會發生三姑追出

去衝過馬路跌倒被車撞的事；不必等翻開未來事件簿，
三姑的名字已經消失。

**給自己來點正能量**

別人對我的好，沒有應該與理所當然

我要真誠地表達內心所有的感謝

我尊重每個人的不同與能力，廣結好緣

凡事謙虛、溫柔、忍耐，用愛心互相寬容

事件 **7**

## 愛是轉變的契機

認識了超神的阿伯，獲得魔法口罩和預知未來事件簿，小樹因此多次拯救親友免於意外，體驗到誠心助人的快樂，讓他覺得意義非凡。

　　小樹不時翻閱未來事件簿，希望家人、親友都平平安安，或得到救助，這一天如往常翻閱未來事件簿時，竟出現了二伯一家的名字，意外原因是二伯在家中開瓦斯卻意外引爆，導致所住大樓其他住戶受傷。二伯母與女兒則是躲在一間冷藏倉庫，門遭鎖住，她們在裡面冷得發抖，性命垂危。

　　小樹看到很是驚訝，透過魔法口罩問阿伯：「啊？二伯雖然是第二次婚姻，有憂鬱症，但聽說已經痊癒了，生活應該很幸福美滿，怎麼會是這樣呢？沒有聽我爸說呀？」

　　「生活本來就是不斷平衡各種事項的一個過程，或許，他又失去平衡了。你要想去，就趕緊出發吧，救人為先。」阿伯說。

　　做好心理準備，小樹刻不容緩來到了二伯家的巷口，忽然間一道高牆阻擋在面前，牆面上直書五個墨黑大

字：「地獄由此去」，氣勢很是嚇人！小樹想繞道走往在牆後巷子裡的二伯家，但不管往哪個方向走，高牆都會在正前方擋住去路，他試著想從正面翻牆而過，但心念剛起，牆頭卻突然竄高幾達天際，完全阻擋了小樹的所有去路。

小樹一臉納悶地問阿伯，「怎麼辦？這牆是怎麼回事？我不是要去地獄呀？」

阿伯嘆一口氣，說：「那面牆是在提醒，你要去的地方是地獄，你二伯想用開瓦斯方式自殺，不料意外引發氣爆傷及無辜，同時他的家人也遭到厄運！活著時沒想通，一心將自己困住，那是一種心靈地獄，所以死後就直通地獄，這道牆的存在是要阻礙你去救他的，你得想辦法才能突破這個阻礙。」

小樹心裡急，卻一時想不出方法，阿伯提醒小樹先靜下心來，先專注在呼吸上再來想方法。小樹試著深呼吸幾回，心也逐漸沉靜下來，他想起小時候與二伯共處的時光，那時候爸媽工作忙碌，二伯還沒交上女朋友，所以當兵放假時就往家裡跑，常陪著小樹玩遊

戲、帶他去看電影、吃零食。對於小孩來說，那是最美好的時光。二伯是這樣好的人，我一定要去救他，小樹在心底吶喊著。

專注心神，回到面前阻礙的高牆，小樹牙一咬，奮力用雙手推著牆，大喊：不行，我得要趕快救二伯呀。他拚盡全力的推、專心一意的吶喊，牆竟似乎動了一下，在他手推之處似乎開始有了裂痕，阿伯告訴小樹：「你的堅定意志被接收到了，繼續向前吧！」小樹點頭說著：「好，感謝老天爺，請讓我去救二伯，拜託了！」默禱完畢，小樹雙腳抵地用力前推、順著牆的裂縫用力推進，緊接竟無聲無息地沒入牆中。

牆內是一團伸手不見五指的黑暗，不時伴隨著哀號與感嘆聲，令人極度不適的氛圍，真的有如地獄一般，小樹心中開始感到害怕，而周圍的黑暗似乎有重量似地向小樹壓迫過來，令他幾乎感到窒息。此時阿伯的聲音再度提醒小樹並給予勇氣：「別害怕！想著你此行的目的，繼續往前走！」小樹深吸一口氣鼓舞自己：「不能害怕，二伯一家還等著我去拯救。」驅走恐懼後，

似乎看到遠端前方有個亮點，小樹快步向前，加諸身上的黑暗重量也慢慢減輕了，前面的路漸亮視野漸開朗，小樹向著光走去，終於來到了二伯家門口。

　　穿越過阻礙的高牆後，小樹深深吸了一大口氣，感受到神清氣爽地呼吸是如此不易的事呀。阿伯接著告知，那些小樹穿越石牆時所感受到的黑暗恐懼，其實就是他二伯心中的負面感受。小樹這才恍然大悟，難怪二伯會想用開瓦斯來了結問題，當那些黑暗、恐懼與看不到未來一起襲來的時候，是真的需要被拉一把的；還好剛剛阿伯有提醒我不要害怕，不然我當時似乎要被黑暗給吞噬了。


　　小樹走進二伯家後，屋內一片沉寂，只看到有白色身影在廚房，原來二伯的手已轉開瓦斯，小樹趕緊趨前，用力拽開二伯的手、推開二伯，迅速關掉瓦斯，二伯應聲跌倒在地，小樹趕緊打開所有窗戶。

　　「你是誰？你怎麼進來的？你闖進我家要幹嘛？」男子混濁的眼裡，寫滿驚恐與疲憊。

「二伯，我是小樹呀，您三弟家的小樹啊，您是怎麼了？」

「小樹，是你啊！真是丟臉，竟被你看到我狼狽的樣子！」

「二伯，我想，你這麼做一定有你的理由，您要不要說出來？我們來想想可以怎麼幫助您解決呀！」

儘管心底狐疑小樹的突然出現和勸說言語，讓二伯以為置身夢境。但原本一意尋死的心，卻也因為小樹的憑空出現，讓二伯的情緒有了轉移，並開始說著自己的委屈。

神奇阿伯此時交代著小樹，你什麼都先別說，安靜的做個聽眾，讓你二伯好好說完，該說的時候，我會引導你。

「老實說，我真的不知道該怎麼辦了！我跟朋友合開的貨運行，近年生意愈來愈差，跟另一位朋友投資，錢又被騙走了，當時跟地下錢莊借的錢，也還不出來，眼看著卡債跟信貸愈疊愈高！這半年來，我跟你二伯母也處得很不好，她一天到晚叫我振作，說話激我，

吵完架就冷暴力，十天半月沒互動都是正常！今天凌晨我們又大吵一架，你二伯母就收拾東西出門，說永遠不會回來了。也好，反正我孤單活著也沒有什麼可以期待的。死了就輕鬆了，也不會拖累她們母女。」昏暗的燈光下，在他眼裡映不出一點光芒，他的悲嘆彷彿是控訴。

阿伯對著小樹說，我們要同理的是他的無助，跟著我的節奏說話：「二伯，你一定很無助、很難過才會想走這樣的路。」二伯默然。於是小樹繼續說：

「但是這樣是解決不了問題的，我們來找看看還有什麼辦法，可以來解決您的問題。」

「沒用了，該借的，該去融資的，都沒人理我，地下錢莊的債務太大，很難再撐下去。再來一定被追債，我又無法忍受別人的同情，我太太帶著女兒離開也好，我沒有牽掛了，現在只剩這條絕路了。」聽到這，小樹跟著阿伯的指導一句句說著：

「聽起來，二伯您已經很盡力了，但是在灰心喪氣時，無奈以為已經放下，但其實這是放棄，問題還是

存在呀，二伯您都沒有向家族求救過，您若這樣就走了，家裡長輩們一定很遺憾沒幫到您。」

「幾年前，我跟前妻離婚時，法院判決的贍養費，也是大哥幫忙東湊西拼挪來付的，患憂鬱症時也都是家族陪伴跟找醫生，我麻煩兄弟姊妹們太多了，這次的債務太大，我不能再拖累大家，如果讓我自己消失，一切就會結束，他們也不用為我擔心了。」

「但是您的子女該怎麼辦？將來他們萬一遇到障礙時，如果也放棄自己、選擇用自殺來解決問題，你真的能接受嗎？」

「兒子在前妻那裡，女兒跟著現在的妻子離家了，離我很遠，應該沒影響了。」

「您們的血脈是永遠相連，您終究是父親，無論如何，都會深深影響著他們。當他們長大後，知道父親是用開瓦斯自殺來解決問題，但那其實是逃避問題，而且又因意外氣爆影響無辜住戶，造成更多受害者，我想，這個印記，這個債務，都會深深烙印在他們的心靈，直到永遠。」

接著，小樹按照阿伯的方式又說：「我相信，生命根本沒有所謂的絕境，所謂天無絕人之路，每個狀況、再大的問題，都能藉由轉念來更換頻率，也就是選擇用改變思想來改變命運。」

　　雖訝異著小樹成熟懂事的超齡話語，但二伯蒼白的面孔，並沒有轉頭望向他，只是靜靜的不作答，似乎還沉浸在自己的困境中。

　　神奇阿伯輕聲地對小樹說：「你二伯緊抓著自己的問題，把問題放大加重，重到不得不往下墮落，當然無法翻身，最後只能以毀滅的形式呈現。我們來讓他把焦點從自己身上轉移出來吧。」阿伯輕輕地跟小樹耳語該怎麼做。

　　「二伯，我知道一個未來的雲端網路，可讓您看到，您消失後會發生何事，您身後的世界會成為什麼樣子，請您看看進入身後虛擬的未來世界好嗎？」二伯半信半疑地轉身望著小樹。於是，小樹打開了二伯家客廳的電視，連上阿伯傳來的訊號畫面。

　　畫面出現了二伯母和女兒擁抱瑟縮在冷藏倉庫的角

落哭泣，只見二伯母不時用力敲著倉庫打不開的門，女兒呵著一團霧氣、嘴唇泛白，顯得氣息奄奄。

「不可以，怎麼可以這樣？你們快回來呀。」二伯對著畫面嘶喊著，但心想不對又轉頭衝著小樹喊：「這是真的嗎？影片是假的吧？這玩笑未免開得太大！」他怒氣沖沖質問小樹，原本渙散的眼神，此刻滿是犀利怒光。

「這是未來的影片，大家的心靈感受都被存放在雲端裡，您若不信，那我們再來看其他家人的反應？」

畫面一轉，出現的是小樹的大伯、也就是二伯的大哥及兄弟們哭成一團的景象。

「他們責怪自己沒有關心您，讓您變成這樣！」小樹說。

「為什麼，為什麼你有事卻不告訴我們呀？兄弟！我們都是父母親生的好兄弟呀，金錢會比生命珍貴嗎？生命一旦失去就再也回不來，結果你居然用這麼激烈的方法，不僅了結自己也害了別人，你這麼做是要讓我們痛苦一生啊！」畫面裡大伯氣息粗重惋惜地說著，

二伯被影像裡的情緒所感染，眼眶泛淚。

「再給您看看您的兒子，知道您走後的心理反應。」畫面一轉，變到大伯兒子仰躺在床、拿著手機剛收到父親意外訊息，頓時思緒起伏且淚流滿面的景象

「爸爸，您很少照顧我也就算了，現在是徹底的遺棄我們，連一點點愛與溫暖都不留，您最後竟然用這種方法給我致命的一擊！您遇事就是用這種方法來逃避？這算是您此生留給我的功課嗎？我該怎麼面對這樣的結果？」

「這是您兒子的心聲，血脈相連，他有不被愛、被遺棄的感覺。」小樹說。

二伯原本一心想離開這世界的，但剛剛那些影片讓他思緒翻湧，對另一半與子女的愛與手足之間的相惜，瞬間撫慰了心靈，他倏地清醒，驚覺到自己的責任與存在的必要。

但是，他心中還是滿腹疑問：「小樹，這些影片怎麼來的？你是怎麼弄到的？這是真的嗎？不可能吧？你應該是騙我的吧？」

「二伯，您要是相信我的話，就趕緊跟我走吧，二伯母跟小堂妹正在冷藏倉庫裡奄奄一息、等待救援呢！」救人要緊，小樹無暇也無法多做解釋，就趕緊催促二伯行動。

「我也沒告訴過她們我的債務困境呀？她們又怎麼會跑去那裡的？你又是怎麼知道的？」但滿腹疑惑的二伯，還是止不住連串質疑。

「可能是您一直專注在自己的困境與難處，雖然她們不知道所有的事情，但自家人總是能感受到您的情緒。也可能是您長期累積了負面情緒，不覺間您的態度或說話方式，讓家人感到絕望吧？」

聽到這番話，二伯情緒接近崩潰：「那你趕快帶我去吧，救人要緊，人命關天呀，我不能失去她們啊！」

「二伯，您無法失去她們，但您卻可以讓她們失去您，這有點矛盾吧？」

「唉！一切都是挫折和絕望的情緒讓我失控的，先別說這麼多，我們快走吧！」

還來不及問小樹憑空出現的來龍去脈，二伯與小樹

快速搭車來到那間倉庫所在。緊急通知管理人員打開倉庫門，就看到二伯母抱著女兒顫抖啜泣著，氣息奄奄的兩人，臉上幾乎已無血色。

「黎玉，妳在幹嘛呀！你怎麼把女兒帶到這裡？你是要做什麼呀？」二伯衝過去瞪視著妻子怒吼，連忙抱起年幼的女兒，在小樹幫忙下，趕緊把母女倆帶出倉庫。陽光照耀下，兩人總算恢復生氣。

回過神的二伯母，回應丈夫的怒斥：「你不是嫌我們很煩，只知道愛亂花錢嗎？說我們把你當賺錢工具嗎？把你當奴隸嗎？你把我的東西都摔壞，是你叫我們出去別回來啦？」見到二伯母委屈地哭訴著，小樹趕緊安撫她的情緒。

「二伯母，二伯的事業出了問題，不知道怎麼處理債務，心情很煩躁，剛才他想開瓦斯自殺，幸好被救了。」伯母聞言稍止住淚水，抬頭瞪著二伯。

「我也很想死一死解脫，他什麼都不說，只會發脾氣，我還能活得下去嗎？那我們全家就一起死算了！」二伯母一邊訴苦，眼淚又止不住流了下來。

二伯極力壓抑情緒道：「那你也不能這樣，即使失去理智，也不可以把女兒帶來這裡啊。妳怎麼會來這裡的？」

　　「因為走著走著覺得很冷，又找不到地方可以休息，剛好路過這裡，看到倉庫的門開著，就想說進去休息一下，沒想到，我們才瞇一下，醒來就發現門被反鎖了，怎麼叫都沒人應，而且裡面好冷，真的好可怕！好恐怖！」

　　聽到這，二伯已垂下頭跟妻子深深道歉：「對不起，對不起，都是我不好！我不應該這樣做，我們必須努力來解決問題，女兒是我們必須活下去的勇氣！」二伯一手抱著女兒，另一手環抱著太太，一家人緊緊相擁而泣。

　　「還好還好，有救了，不用下地獄了，您們差點做了最不好的示範。要知道，遇到困難時，要想辦法走下去，而不是自殺求解脫，那只是逃避問題。身教重於言教，您們是兒女的榜樣，千萬不能帶他們走岔呀！」神奇阿伯透過小樹向二伯夫妻說理。此刻，一

陣清風襲來，彷彿要將這一家人的悲情吹散，他們相擁而哭也相視而笑。

「當然，我們不能給兒女做不好示範。我的債務，我會繼續想辦法解決，放心吧。」回到現實面，二伯下定決心勇敢面對。

「老公，你早該告訴我的，我的姨媽留了一筆遺產給我，我還沒去辦，也許可以多少補助一些吧？」

二伯聽後豁然開朗，原來遇到問題不要悶在心裡，也許跟家人親友開誠布公的談談，事情總是會有轉機的，二伯溫柔的看著妻子：「那些債務是我自己處理不當，不該讓你負責。我當初不該把債務當成世界末日，讓自己灰心喪志，並且把絕望情緒加諸在你們身上。我現在才知道，其實能夠一家人和樂在一起，堅強而勇敢的活下去，比較重要啦。我很對不起妳們，請原諒我，做了不好的示範。」

說到此，二伯回過頭來看著小樹：「這都要感謝小樹，及時救了我們一家人。二伯很好奇，你到底是怎麼知道的？你是未卜先知嗎，小樹？」

小樹正偷偷翻看未來事件簿，幸好，二伯一家人的名字都消失了。聽到二伯的話，小樹慌忙說：「二伯，您們一家歡喜團聚，就趕緊回家吧，您也要忙著處理債務啊，有些事很難解釋，但都是很好的學習，我們就改天再聊吧。我還有事，先走囉，再見！」

　　說完，小樹一溜煙轉過街角，遠離二伯一家人充滿疑惑的視線後，就啟動口罩、口誦縮地返抵家門了。

**給自己來點正能量**

我與每一個人都相處和諧，家裡平安健康
到處都有好的機會在等待我
我的道路上充滿愛的踏腳石，帶我通往成功
我以愛心說感恩的話，以智慧說誠實的話

事件 8

**父母的爭執**

「真希望我不是他們的小孩，好想趕快長大離開這個家。」這是小樹心底暗黑的願望。自從有了未來事件簿，他每每翻閱總擔心看到自己的名字，但幸好目前為止都還沒有出現。

　　小樹的父親在大陸經商，近來，每次回台灣就是跟母親吵架，雖然兩人沒有直接在小樹面前爭吵，但小樹仍然隱約聽到父母房間傳出的聲音，每每讓他心慌的不知該怎麼辦才好，未來這個家會變成怎樣，讓小樹很茫然，但又希望自己能做些什麼。

　　經常在半夜裡，被牆門隔絕的對話依舊悶悶的傳到小樹耳裡。

　　「這件事怎麼不早說？搞成這樣？」

　　「你不要隔岸觀火，每次事後諸葛，不幫忙就算了還在後頭點火？」

　　小樹閉著眼用力的讓耳朵專心聽那降了分貝的對話，卻還是摸不著頭緒，到底，他們在吵什麼？

　　想睡的小樹眼皮很重，正準備入睡時，忽然一陣桌椅聲響，讓他嚇了一跳而驚醒，也讓小樹的心情瞬間

變差到睡不好，尤其在被爭吵的聲響嚇了幾次，就睡不著了，就只能輾轉睜眼度過失眠的夜。

因此，上學遲到、上課打瞌睡對近期的小樹來說都是家常便飯了。

這一天出門前，小樹：「媽，學校要交材料費。」

「什麼材料費？去跟你爸要吧。」

「可是爸爸出去了，不在啊。」

「你打電話或是 line 他吧。」

「可是我今天要交，你先給我，我要遲到了啦。」

「你就先跟老師講要晚一天交，等晚上回來直接跟你爸拿！」

小樹氣得無法回話轉頭就走，大力甩門之後帶著怨氣往學校去。

走在路上他愈想愈氣：爸爸不在台灣的時候，不都是媽媽給錢嗎？現在爸爸回家了，吵架後就讓我去為難人，生氣後遷怒於我，真倒霉。

當天又因為晚出門而遲到，小樹一整個沒心情上課。

日復一日，家中氣氛差，爸媽之間的冷暴力，讓小

樹常感到窒息，也因為心煩而不想念書。

　　小樹以往在校成績都是班級前三名，但是最近的模擬考卻是一落千丈，父母雖擔心，卻無暇顧及，只能花錢安排許多課後輔導讓他補習功課，現在哪家小孩不補習？爸媽認為，這種錢不能不花，免得他閒閒沒事又玩手機。

　　現階段念不下書的小樹，放學後軟硬被逼著去一間又一間的教室上課，像沙丁魚般的擠在補習班裡的座位間，無法專心，台上的老師帶著熱情寫著黑板體授課，小樹卻彷彿在另一個次元裡看著老師在台上表演，完全靜音，睜著茫然的眼睛看著寫得滿滿的黑板，只感到眼花撩亂，想著，這樣的青春太可悲啦，乾脆，翹課！小樹寧可牽來福去公園坐，放牠四處亂跑，也不想念書，考爛了反正爸媽就念念，他下意識好像想藉此讓父母多關注他一些吧。

　　看著來福無憂無慮，小樹好羨慕天生好狗命，來福是小樹最好的朋友了，絕對不會嫌棄他，甚至還會通靈呢，來福好像知道小樹的心正受傷著，一個勁兒的

把濕鼻子湊上來，伸長了舌頭舔啊舔。

　　現在，還好有神奇阿伯出現了，讓小樹整個人回神，彷彿喝了活力能量飲一般，變得正向多了，他回想，為什麼會把自己搞得這麼不開心，痛苦的源頭真的來自爸媽嗎？為什麼自己會生在這種人家？都已經被生下來了還能挑剔父母嗎？除了摸摸鼻子認倒楣，還有別的方法嗎？看看身邊的來福，想想有時牠也夠淒慘，自己不開心時，牠來湊熱鬧想討小主人歡心結果還被罵，唉，為什麼一度有那麼可怕的想法──報復，要讓他們難過。

　　「你們讓我不好過，我也要讓你們不好過。」小樹有點後悔了，怎麼可以在爸媽吵架吵得兇時，搞砸自己成績與翹課曠課，以為那是回敬給父母最銳利的一把刀！甚至乾脆把爸媽給的錢一次花光光，結果，後座力回到了自己身上：暴飲暴食之後，因為錢花完了就得餓肚子，沒零用錢還被班上同學投以憐憫或者可悲的眼光，成績一票紅字被留校查看……，這樣實在

太不好玩了！

　小樹爸媽，他們哪裡知道孩子是這樣的報復心態，還以為所有青春期的孩子都如此，耐著性子隱忍，以為這樣的叛逆是可以被容忍的。

　這一天回家後，小樹好像頭腦清醒了些，早早睡著了，但是……

　半夜，小樹驚醒了，牆壁那頭發出摔東西的聲音，有哭泣聲，有刻意壓低的怒罵聲，小樹好擔心，爸媽會不會打起來啊，還是發生什麼流血事件，他聯想起最近媒體上老出現一些不好的事，萬一發生意外，該怎麼辦啊！

　來福這時早已豎起耳朵張大眼睛看著小樹，像是等待小主人下指令，牠夾起了尾巴，不安，完全流露。

　於是小樹趕緊戴上口罩呼叫著，「阿伯快來救我！」

　「怎麼了？你好好的呀，怎麼說要救你，這麼嚴重，我還以為你受傷了！」

　「對，我的心受傷了，爸媽好像快打起來了，怎麼辦？我擔心到心跳快停了，我快不能呼吸了，請您快

點幫幫我。」

「來，先冷靜一下，我幫你看一下你父母因緣？」

「他們會不會離婚呀？」小樹擔心的問。

「我查過了，他們這一世都是夫妻，但你的媽媽生病了，身體會經歷一段辛苦的過程，但這是一個契機，可以改善你父母的關係」

「那可以幫幫我嗎？讓媽媽身體恢復健康，也讓爸媽不要再吵架好嗎？」

「他們是用吵架來溝通，後果是撕裂感情，溝通要釐清各方立場，聽到需求與期待。你媽媽的病，只要心情改變，開個刀是會好的，不然會拖很久。」

「這段期間你很棒，為親友們做了很多好事，這件事就讓我來幫你吧！」

「太好了，那我要做些什麼？」

「倒水給他們喝！搭配我的指示行動！」

「啊～這我會！絕對完全配合。只要能改善目前的狀況就好。」

「第一、我要你自己準備好，跟你爸媽誠懇溝通他

們的惡劣關係對你的影響。第二、準備一大壺水，當他們又要說氣話吵架時，就會結巴甚至說不出話，這時，需要你倒水給他們喝，請他們深呼吸後喝下水，這樣他們心中的無名火就會被澆滅。但是你在倒水之前，必須要自己先深呼吸，讓心平靜，然後再倒給他們喝喔。第三、跟你爸媽說，他們應該追究的，不是過去所造的原因，而是現在的目標與期待。第四、我會給你指令，去提醒你媽媽看手機訊息，一切的玄機就在訊息裡。」

「沒問題，包在我身上。」小樹拍了拍胸脯，很開心狀況會改變。

於是小樹計畫著，下次爸爸又和媽媽吵架時，他一定要衝進他們中間，讓他們明白自己的痛苦，並說清楚自己的感覺，雖然光想心裡就覺得害怕，但有神奇的異次元阿伯當靠山，讓他心生勇氣，準備跨出溝通的第一步。


隔月小樹爸爸回台灣，吃過晚飯後，果然小樹爸媽

又關在房間吵架了。小樹聽見他們房內傳出摔東西的聲音，其實心裡很害怕，但聽神奇阿伯說都有安排，於是小樹戴上口罩，鼓起勇氣去敲爸媽房門：「爸、媽，我可以和你們聊一下嗎？」

平常小樹在父母眼裡就是個不麻煩人的小孩，怎麼今天突然丟了這麼一句？夫妻倆互看一眼，莫非小樹發生什麼事了，於是趕緊跟著小樹到客廳坐下。

小樹一坐下，深吸了一口氣：「我一直都知道你們在吵架。這樣吵下去，大家都會生病的。」小樹如此直接的表白，讓爸媽心虛的互看對方一眼。

「你們無論是爭吵還是冷戰，都影響到我的生活，我在家裡根本靜不下心、也念不下書，心理壓力很大，你們現在也都不太關心我，經常就是敷衍我，我並不想學你們用負面情緒、用吵架的方式來溝通，難道你們希望我學這樣的溝通方式嗎？」

小樹的媽媽急著發話：「都是你爸……」但話剛出口，就覺得口乾擠不出話來，準備起身找水喝。

小樹見狀，心想還好阿伯已事先交代，於是趕緊將

備好的水，飛快而恭敬地遞給媽媽：「請深深吸口氣再喝！」媽媽正緩口氣喝水時，小樹的爸爸開口了。

「小樹呀，爸爸很抱歉，這一陣子工作搞得我焦頭爛額，沒有照顧到你真的很抱歉，我以為你媽都處理好了，她都不信任我，每次回來她都很生氣，搞得我……」說到這，小樹爸爸咳了一下，小樹趕緊遞上水杯，「爸，請深呼吸一口氣再喝。」小樹心想，爸爸原本接下來的話，應該都是要抱怨媽媽吧。

媽媽喝完水，降了火氣，情緒比較和緩說：「小樹，媽媽也很抱歉，這段時間媽媽生病了，醫生說我是子宮頸癌，加上你爸對我的態度冷淡，所以讓我的心情跌到谷底，因此沒有顧到你的心情，抱歉讓你傷心了，媽媽以後會改進的。」伸手摟了小樹。

小樹驚覺自己錯怪媽媽了。於是跟媽媽說：「媽，那你最近身體有沒有好一點？」小樹爸首次知道妻子病況也擔心了：「那醫生怎麼說呢？」

小樹媽回：「病情讓我煩心，結果每次看到你爸在家裡的態度，我就一肚子火……」

這時阿伯聲音傳來：「趕快請你媽媽看手機簡訊。」

「媽，你的手機剛剛一直震動耶。」

一時火氣上來的小樹媽媽，被小樹打斷後，拿起手機，看到來訊：你的癌細胞實況轉播，請點此連結觀看。

心想，是醫院傳來的檢查報告嗎？於是立即點進連結，畫面出現一片紅、綠色細胞的顯微畫面，此時坐在對面的小樹爸聽到妻子說出自己病情雖面露擔心，但口中卻帶著責怪的語氣說：「這麼大的事，你怎麼沒告訴我，只會一天到晚對我發脾氣，你沒說，我怎麼會知道呢？」

一聽到小樹爸爸說的話，小樹媽媽心中怒火瞬間升高，正要開口，眼角瞄到手上的手機畫面裡紅色細胞增生到幾乎蓋過綠色細胞，覺得疑惑奇怪時，心中怒火稍降，畫面裡的綠色細胞比例又漸增，眼看紅色細胞被綠色細胞慢慢包圍。咦？怎麼紅、綠色細胞的數量變化，難道跟我生氣程度有關呀？小樹媽充滿疑惑，順手按回上一頁看標題：「癌細胞實況轉播」，心想，莫非癌細胞增加與生氣有連動關係？

疑惑間，小樹媽怒對小樹爸說：「我懷疑你大陸有外遇，所以回到家對我態度差，好像不想回家，就算回來也沒關心我們，這樣的狀況下要怎麼跟你說我生病的事？」

小樹媽瞄了一眼手機，轉眼換紅細胞增加開始包圍綠細胞，至此她終於了解到，原來生氣會讓癌細胞增加而吞噬掉健康細胞呀。難怪剛剛小樹說，「再吵下去，大家都會生病的。」

她腦袋裡彷彿轟地一聲巨響，大澈大悟：原來這一切都是真的，生氣的負面情緒居然讓癌細胞有了增生的機會！想到此，她馬上進行幾次深呼吸，設法讓心情平靜了下來。

此刻，卻聽到小樹爸火上添油話語：「又來了，說了幾次，我沒有女人的問題，是妳的不信任，才是問題，在公司已有很大的壓力了，回來還要被質疑，真的是受夠了！」

在神奇阿伯指示下，小樹突然語帶成熟的提醒他們：「你們應該直接向對方說出自己需求與期待。」

小樹媽在領略到生氣與癌細胞消長關係的瞬間，她冷靜思索，決定相信且接受丈夫的說法。她平心靜氣地對小樹爸說：「其實我希望的是你的關心，冷漠會讓我胡思亂想，再加上最近因為生病而焦慮，我真的很不想跟你吵架。」

　　「每次回到家，我也希望這個家是讓我可以被慰藉而不是被質疑的地方。我到現在才知道你生病了，真的很對不起，是我不夠關心你！」小樹爸因為妻子的誠懇也真情告白了。

　　這時小樹媽看了一眼手機裡的「癌細胞實況轉播」，眼看綠細胞居然快要將紅細胞吞噬殆盡了。心想，真神奇呀！

　　在這突來的家庭會議裡，小樹爸媽兩人此刻心情平靜許多，也理解了小樹的心情。

　　原來小樹爸的公司要針對台籍幹部裁員，他正是情況悲觀的其中一員！目前正在談提早退休的條件，或等著被裁員、再找新工作。而小樹媽多年來自己在台灣帶著小樹，就跟偽單親一樣，先生回台時的冷漠讓

她心理不平衡。小樹爸因為工作壓力，每次回台灣都心事重重，家事沒幫忙，也少了對家人的體貼，氣得小樹媽對小樹爸一開口就是抱怨與生氣。

終於，透過這次機會，小樹父母了解了彼此立場。

小樹媽對丈夫和緩說道：「我希望你回來台灣，這樣我們才有一個家的感覺，大陸的工作結束沒關係，你慢慢找，我也在工作，家裡多少也存了一些錢，你不用太過擔心。」

小樹爸也柔聲回應：「感謝你多年來一直一個人撐著家，我很感謝你，沒有適時地表達感謝，真的很對不起。你辛苦了。我不知道你生病了心情不好，以為你不習慣我在家而擺臉色給我看，對不起我誤會了，明天我先陪妳去看醫生，等我處理好工作就搬回來台灣，我會在妳身邊，一起面對你的病情，一切都會好起來的，你放心吧！」

接著又轉對小樹說：「小樹呀，爸媽對你很抱歉，這陣子辛苦你了，我們不會再吵架了。謝謝你今天願意告訴我們你的想法與感覺，沒想到我兒子真的長大

了，會這樣跟我們溝通，不能再用吵架做溝通，你真的很棒喔，我們以你為榮。」

小樹爸媽的真情流露讓小樹很感動。有點心虛的說，「我前陣子因為想引起你們注意所以故意在學校表現不好，你們別介意喔。我會盡快趕上進度，也不會再翹課曠課啦。」

小樹爸欣慰地摸摸小樹的頭，小樹媽則說：「沒關係，我們一直都相信你是個好孩子，以後我們也會改進，會更加關心你的。」

於是，原本一觸即發的戰場，轉眼間已變成花團錦簇的樂園。他們迎來一個嶄新而溫馨的夜晚，一家人也冰釋前嫌了。

回到房間，小樹躺在床上問神奇阿伯，如果我們家的問題沒有解決，有可能……未來事件簿上會有我或者爸媽的名字嗎？

阿伯不置可否說：「不是跟你說過了，天機不可洩漏嗎？更何況，你已經及早防患於未然了，你的父母、你的家，都因此得救囉。你媽媽的病也會好起來的，

你就不用再庸人自擾了吧。」

　聽完神奇阿伯的話，小樹鬆了好大一口氣，也恬恬地沉入睡夢中了。

**給自己來點正能量**

我努力一定可以讓遺憾翻轉

所有的問題，都是我向善前進的階梯

我願意放下舊有的負向信念

我相信負面的行為中，都有正向的意圖

事件 9

**奢侈的愛**

經歷自家風波不久，小樹再次翻查未來事件簿，看是否有熟悉的名字出現。結果居然看到大姑的女兒梧湘，幾天後會跟自己的弟弟大吵一架，弟弟盛怒下揮拳打了她的頭，她也因氣極而中風！

　　小樹當下又驚又奇，奇怪，表姊今年也就二十多歲，中風？這是哪門子的設定啊？記憶中表姊她們姊弟倆感情超好，每次親友聚會，總看到小他一歲的表弟隨著表姊跟前跟後的，小樹是家裡的獨生子，一直很羨慕別人有哥哥姊姊，所以看到表弟跟著表姊兜轉，也會靠過去湊熱鬧，有時候表姊多照顧小樹一些，還會隱約感受到表弟嫉妒的眼光，好像生怕姊姊會被搶走似的，實在很難想像這樣的姊弟關係會演變成暴力傷害的悲劇收場。

　　小樹很緊張跟阿伯說：「太令人驚訝啦！我們得趕快出發了，好緊張，讓我先去上洗手間，他們住在彰化有點遠。」阿伯對小樹笑了笑說：「你擔心到失神了嗎？有了魔法口罩，時空從來就不是問題，心念才是關鍵，不是嗎？」

小樹不好意思地抓抓頭：「呵呵，我一急就忘啦！我是幸運的地球人，可以跨越時空穿梭，真的好刺激。」同時心裡還盤算著，之前怎麼沒想到，以後萬一上學日睡過頭，就可以用這招。

　　才剛起心動念，耳邊傳來阿伯悠悠話語：「有任務在身的時候，宇宙的力量會幫你跨時空，平常使用需要因緣聚合，發生的一切都不會是偶然的。同樣，未來事件簿與你的緣分也是，凡事都有盡頭，或許是下一刻，或許是明天，你應該要時時刻刻珍惜緣分呀。」

　　小樹覺得奇怪，今天的阿伯好像話中有話，但他心裡掛念著表姊的情況，於是趕緊跑趟洗手間，他邊洗手邊想表姊的事，從小功課好、人又漂亮，是學霸也是校花，表弟超崇拜自己的姊姊，每次見面都會炫耀表姊的豐功偉業，如今怎麼會這樣呢？

　　正在百思不得其解之際，突然，洗手台前的鏡子裡竟浮現畫面，只見表姊梧湘躺在床上，姊弟倆正揮舞雙手大吵其架，突然，表弟憤怒的舉起拳頭，眼看正要往表姊的頭上揮去，小樹見狀不由驚叫：「不可以！

不要打了！快停止！」緊接鏡子竟無聲地裂出一道縫隙，而後縫隙越來越大，突然一陣強風從小樹背後吹來，就把小樹吹進鏡子的裂縫裡，小樹在奇怪的空間裡隨風飛旋，正暈頭轉向之際，一道光出現眼前，待小樹飛過那道光、站穩腳步時，竟已來到大姑家門前。

「跨越時空的方法有很多，今天讓你體驗另一種預知未來的方式，記得我告訴你的，最重要的是心念，只要堅定心念，任何方法都有可能喔。」阿伯的聲音迴盪在耳邊。

稍稍喘息平撫情緒，小樹按了大姑家門鈴，來開門的是表弟，他訝異的問小樹：「表哥？好久不見，你怎麼會突然來彰化？」

小樹搪塞地說了個自己也不相信的理由之後，假裝鎮定的進門寒暄聊天，並問了一下表姊的狀況。說著說著表弟便開始抱怨：「我姊完全變了一個人，她根本是故意要折磨全家人！」

他接著憤恨不平地說著：「我爸媽就是對她太好，好到失去了判斷力，明明醫生說她沒病，但她卻一直

喊頭痛、胸悶，手腳無力，痛苦的快要死了，所以我爸媽就帶著她到處求醫、甚至也到處拜拜求鬼神，不僅燒錢也勞心勞力，搞得我爸媽越來越憔悴，家裡也是烏煙瘴氣，我呢，就像是隱形人，不管我在不在家或是做什麼，我爸媽都不在意、甚至也不知道，我有時都懷疑我是不是這家人？感覺跟他們好像形同路人一樣，而且我真覺得，我姊好像很恨我爸媽，她是不想讓他們好好過日子才會這樣！」

「你姊到底是怎麼了？怎麼會變這樣？」小樹試探性的問。

「腦瘤開刀加上男朋友離開她，她的世界從此天崩地裂，即使開刀復原，醫生說沒事了，她還是一直覺得身體哪裡有病，整天說不舒服，痛苦的很想死，有時候她一整天躺著不說話不吃東西，有時候情緒來了就哭喊、罵人、砸東西，這大半年來都是這樣。」

「可能你姊從小就很順利，你爸媽也沒有讓她遭受過任何挫折，現在遇到挫折就無限放大了吧？那你有幫她做什麼嗎？」

「有啊，她說全身無力，經常東磕西碰、跌倒受傷，都是我照顧她的傷口，看她無聊就陪她說話、帶她散步，我想我以後很適合當護士，我應該很會照顧病人。現在我們讓她坐輪椅，跌倒的情況就明顯減少了。」

表弟嘆口氣繼續說：「我爸媽花好多錢想讓她好起來，什麼吃的用的祕方或偏方，還有做功德、拜拜的錢，只要人家介紹說有效，他們就想盡辦法做到，花上無數的錢，但我姊卻一點感謝都沒有，反而變本加厲責怪我爸媽不願意讓她變好，找各種理由刁難，她一個人讓我們全家都很痛苦，現在我姊都只想到自己，只會憎恨別人怪東怪西的，一天到晚說她想去死，我有時都有股衝動想要照她的意思，成全她、幫她去死！你自己去看看她，就知道她已經完全變一個人了！」小樹聽了心底微駭，便隨著表弟敲開表姊房門。

表姊躺在床上，床前架著電腦，整個房間相當昏暗，給人一種陰鬱感覺，環視屋內，各式衣物散置顯得凌亂不堪，小樹趨前彎腰查看躺在床上的梧湘表姊，只見她慢慢張開眼，朝四周張望，雙眼疑惑地看著靠近

床邊的小樹，眼神顯得極其空洞而陌生，彷彿認不得眼前何人。

「梧湘表姊，我小樹啦，聽說妳生病了，我來探望妳。」梧湘臉龐憔悴，抬眼看了看小樹，一雙大眼無精打采，隱隱帶著漠視的清冷寒光。

「誰？不管你是誰，怎麼進來的？滾！我說過除了死神之外，誰都不要進來！」梧湘出聲斥喝、凌厲地看著小樹，眼裡充斥著警戒。

此刻，神奇阿伯的聲音領著小樹與她對話：「表姊，我是妳三叔的兒子小樹呀，妳一直是我們家族最敬佩的資優生，自小到大都是榜首狀元，又是留美博士學霸；我們這些表兄弟姊妹，可都是以妳為榜樣啊。」梧湘聞言，也只是面無表情、冷冷盯著小樹，似乎想看清他的臉、看他究竟是誰。

「一定又是我爸媽放你進來的，是吧？他們老想跟我作對，一直在折磨我！」梧湘板著臉回答。

「我真的是小樹呀，小時候妳教我背九九乘法，家族聚會也都會陪我玩，妳忘了嗎？現在讓我來幫幫妳

魔法口罩＠未來事件簿　173

吧，大家真的都很擔心你喔。」

「小樹？你怎麼會突然來我家？你說我是人人稱羨的學霸又怎樣？我現在連去死的力氣都沒有！我四肢都沒力氣，那些學歷也做不到我要做的事，也不會帶死神來找我，我連男朋友都留不住了，光有漂亮學歷又有什麼用？能證明什麼？不過一張張的紙而已，半點幫助都沒有，我想死，也許讓我去國外安樂死，也可了一樁心願。」透過口罩，小樹似乎能感覺到表姊心底的黑暗、狂野、怪異，以致表現在外的我行我素。

「你為什麼想死呢？其實我從小就很羨慕你，看你什麼都會，連讀書都好輕鬆，你弟和我從小就是你的忠實粉絲，超崇拜你的。」

「都沒用了啦。我的腦瘤開刀，開了兩次一直都沒好，感覺腦袋瓜一直在放電，成天嗡嗡響，又痛又吵，明明就是開刀失敗，但醫生卻說我沒事，肯定是他們不想負責任，就只會叫我多休息，說心平靜就好，那個護士也很粗魯，一直叫我要多動，不能偷懶，反正他們都只想敷衍我，不想負責任啦。」梧湘忿恨地訴

說著自己滿腹的委屈。

「那你爸媽的想法呢？」

「我爸媽眼看西醫好像治不好，就去找中醫，逼我吃中藥、進補，甚至還帶我去做另類療法，最後連通靈、乩童都找上了，你看，他們根本是討厭我想折磨我吧，所以我說讓我死一死就沒煩惱了，小樹你可以幫我嗎？如果不行，那我勸你就別白花力氣了，還是，你也像我爸媽一樣，只是想折磨我？」

眼看表姊越說越離譜，表弟忍不住趨前在小樹耳邊說道：「你看她跟以前不一樣了吧，都只想到她自己，根本是她在折磨大家，還反過來怪罪別人，真的是沒救了！」說完就甩頭轉身氣呼呼地離開。

小樹若有所思地望著表姊，同時聽著阿伯的提示繼續回應她。

「表姊，妳一直都很為他人著想，現在也是，我知道妳是怕我白費力氣。其實一直以來，我都很崇拜妳，都以妳為榜樣努力讀書喔。我明白妳現在躺在床上一定很不舒服，那妳平常都做些什麼呢？」

「用這快廢掉的手指，努力在電腦裡，找可以安樂死的地方。」梧湘翻了個白眼，回答小樹。

「找到了嗎？」

「在國外，聽說要一百萬。但我沒錢，我想去教會募款看看，大家都是教友應該會幫我。我正想先來祈求上帝幫助我，祂應該會幫助我的，因為我想早一點去祂那兒，你信耶穌嗎？」

阿伯持續帶著小樹回話：「我信呀，但是聽說在還沒有饒恕別人之前，你是見不到耶穌的⋯⋯妳剛提到醫生與護士們到現在還讓妳生氣嗎？妳心中仍無法饒恕他們嗎？」

「我已經原諒那些醫生護士啦，只是想起來，還有一點氣而已。」

「妳剛有說，爸媽都在折磨妳，但是他們若沒得到救贖，妳也見不到耶穌。」

「他們都不信耶穌，本來跟我的信仰就不同，我根本不想理他們。」

小樹覺得和表姊的對話好像找不到對口，心裡有點

急，靜默了幾分鐘，阿伯察覺到之後安慰小樹說，放心交給我吧，我準備一個檔案在雲端，你幫她打開吧。

「表姊，我這裡有一個檔案，是關於妳的影片，它會讓妳知道妳是怎麼來的，該怎麼去，妳看看好嗎？」

「可以啊，但你要幫我安排去國外安樂死喔。」

「好，要是最後妳依然堅持要去，我會幫你的。」

於是，小樹聽從阿伯的指示，用她的電腦連上，開始放映影片：

梧湘從出生時，她的父親與母親，就笑咪咪地互相搶著要抱她，「好可愛，好可愛喔，是老天給我們的禮物，真的是掌上明珠。」她生病時，母親無法入眠，擔憂地摟抱著她到天亮，父親也輾轉反側。小學時有一次她跟同學吵架，因為生氣而把同學的書包丟下樓，爸爸親自去跟老師與同學道歉，當時父親並沒責怪她，反而寬容的理解，要她以後遇事要先講道理，不要衝動。考上大學榜首，她的父母雀躍地到處炫耀直喊著：「這是我女兒，她是我們家的驕傲！」

影片繼續播放著，梧湘留學歸國後，順利找到高薪的工作，但沒多久卻生病了，開刀之後也辭掉工作，原本順利交往的男友，也因為她病後暴躁乖戾的脾氣而離去，因為她直嚷著病沒治好，所以父母親只得帶著她四處求醫，不管是半夜敲醫生家的門、或不辭辛勞、路途遠近的到處求訪名醫等等，一切的影像都歷歷在前。

　　但反觀當弟弟生病時，似乎就沒有像梧湘一樣的待遇，只要還能起身，大小事大抵都一手包辦，因為他知道，姊姊占盡了爸媽的關注，他也只能自立自強。

　　畫面接著來到父親在廟裡跪著求籤，求自己減壽讓女兒恢復健康，拿符水、煎中藥，至始從無埋怨，甚至為了籌措醫藥費，將房子向銀行申請二貸，凡此種種，夫妻倆唯一的願望，無非是女兒恢復健康。畫面的最後，是爸爸半夜睡不著，喃喃自語地跪在窗前向著月亮祈禱。

　　看到這裡梧湘雙手掩面，止不住哀泣對小樹說：「我以為他們是故意為難我，因為我從念書到生病花了他

們很多錢，但現在生病只能躺床讓他們很丟臉，所以他們因此受罪而故意折磨我。沒想到，一切根本都是我的自私心作祟，我只想到自己而已，原來在我看不到的地方，爸媽為了我，竟如此地竭盡心力、求人問天，我真的是大錯特錯呀！」

暫歇一口氣，梧湘仍淚流不止，嗚咽地繼續說：「天啊！我真的被寵壞了，只想著我自己，只看到自己的傷痛，從沒想到爸媽是怎麼辛苦撫養我的，從不知道要感謝父母對我的愛，天啊！沒有他們哪有我啊！」原本幽暗冰冷的心，一旦被觸動，此刻她的言語已反映心底的柔軟。

隨著梧湘臉上流著羞愧的淚，小樹發現，表姊房間的氛圍已和他初來時大不相同，即使屋內燈光依舊昏暗，但表姊的眼神閃著光芒，也或許因為情緒激動，她原本蒼白的臉上也映上暈紅，此刻的她彷彿沐浴在光明之中。

這時表弟剛好進來，他並未察覺現場氣氛，只是不帶絲毫憐憫地對梧湘說：「姊，我跟你說過了，幹嘛

大費周章去國外安樂死，妳還不如一頭撞死比較快，這我可以幫妳，我有力氣，保證一次就到位，不會讓妳痛苦的。」表弟神情激動說著，也不管小樹在旁。

只見梧湘緩緩搖頭，臉上表情滿是愧歉：「弟啊，我不能就這樣走掉，我若死了，爸媽該怎麼辦呢？誰要扶養他們呢？還有房貸，你年紀還小，這怎麼能讓你負擔啊？」說完，闔上電腦關機，但梧湘的心靈卻重新開機了！

放下緊握的拳頭，表弟驚訝於這番話是出自他那自私的姊姊，他靜默了好一會兒，靜靜看著姊姊仍無法相信。梧湘繼續對弟弟說：「謝謝你幫我好多的忙，我們都忽略你了，你常幫我包紮傷口，我還嫌你，你們都這樣忍受我的無理取鬧，真的很謝謝你，弟。」說完，梧湘竟嚎啕大哭起來，彷彿要把心底的鬱悶與對家人的愧對心情藉由淚水洗滌一空。

聽到女兒響亮的哭泣聲，大姑夫妻嚇一大跳，雙雙衝了進來。

「咦？小樹，你怎麼在這？」

「我們怎麼沒看到你進來呢？你是怎麼進來的？」小樹微微欠身，跟大姑丈、大姑打招呼，還來不及回答，梧湘表姊就先開口說：

「爸媽，真的很對不起，您們不用再擔憂了，我一定會改變，會好好的活下去，等我身體好了，我會更孝順您們的。」吃驚的大姑趨前緊緊環抱虛弱的女兒，想到女兒的改變，終於守得雲開見月明，大姑也不禁流下熱淚。

一旁的大姑丈雙眼鼻頭早已泛紅：「妳要趕快振作起來，只要妳健康的好起來，無論要爸媽做什麼都是值得的啊。」

小樹雙眼凝望窗外繁星閃耀，似乎也感受到天地間無聲的祝福。

「感恩心是最好的良藥，因為體解對方的善意而心生感激，同理心也會由此而生，就不再只看見自己的苦痛，自然也就不苦了。」阿伯像繞口令般說著，小樹似懂非懂的點點頭。

大姑一家此刻正沐浴在愛的溝通下，小樹趁隙翻開

未來事件簿，確認梧湘的名字消失了，小樹如釋重負，趕緊趁著大姑一家深情相談時，找了趕車回台北的理由離開，同時口頭約定下回與表姊、表弟再聚。

回程路上——當然不是真的搭車，而是乘著那道光，那是阿伯的時空轉換念力，小樹問了阿伯：「阿伯，我們家族真有福氣能遇到你，不然會接二連三發生大事耶！」

阿伯告訴小樹：「每一個因緣都是老天的安排，一切也都不是偶然喔。」

接著阿伯陷入回憶娓娓說著：「百年前，我是個伐木工人，出遠門工作的年紀也才十六、七歲，當時大家都住在工寮，為了省車錢，一年大概只有過年才回家一次，工作的同伴平時互相照顧，感情好的就跟家人一樣，後來我與同鄉大我兩歲的哥哥結拜為兄弟，說好賺到錢一起回家。一次我們在工作的時候，因為天氣不好，趕著收工，我的手腳被機器劃傷，當下不以為意，結果隔兩天我開始發燒、傷口化膿，工班頭說山上沒醫生要我忍耐看看，但是義兄不忍心看我痛

苦，決定背我下山找醫生，義兄背著身形差不多的我，從半夜走到隔天中午才找到醫生，最後僥倖撿回一命，卻因為蜂窩性組織炎失去了雙手雙腳。」

小樹驚訝於阿伯的人生故事，不禁驚嘆：「哇！還好有你義兄背你下山，那後來呢？」

「後來我義兄因為這件事也離開伐木的山上，他替我抱不平，因為那個工班頭太苛，延誤我就醫時機，導致我手腳截肢命運！離開伐木生活，日子一樣刻苦，後來義兄選擇出海工作，舉家搬遷原本的村莊，我們也就失聯了……但是這份救命恩情我永世不忘，我發誓一定要回報義兄的恩情。」講到這，阿伯看著小樹，臉上流露真情：「我的義兄，就是你的曾曾祖父啊！因為這個因緣，所以我想報答他的子孫們。」

「這也太巧了吧！」小樹驚呼。

「哈哈，上天自有安排，一切就是這麼自然的發生，你現在更相信我了吧。」

「我本來就很信你了呀！」

「小樹，我被賦予行善積德的任務，加上為了報答

義兄恩情，所以才會有未來事件簿的出現，還有一連串解救你親友的巧妙安排啊。」

「這一切的布局都是為了接下來的因緣，半個月後，你要帶著鄰居小龍，還有你大姑家的表姊、表弟一起出門，至於詳細到時就聽我的安排……我先跟你預告，下一回事件會需要更多人的力量才能完成，你手上的未來事件簿，截至目前的人名和意外記錄都將消失，但本子上會顯字讓你知道如何進行下一步！」

小樹正思考著如何邀請其他人赴約，阿伯的聲音已經傳來：「我會安排他們在不同的地方出門，但會同時到達同一地點，相信我的安排吧！」

儘管心中不免驚疑，但因為信任這異次元的神奇阿伯，信任他是為回報曾曾祖父的恩情，小樹因此更有勇氣往下一步前進。

阿伯的聲音漸遠：「這次的因緣也許是僅有的機會，把握行善助人的正向效益，結果並不代表一切，重點在於過程的感受與初發心的仁慈，積善之家必有餘慶，這是我的祝福。」

## 給自己來點正能量

用正向對待，孩子就能經歷到生命成長的喜悅

只要父母自己覺得幸福，孩子就會跟著幸福

當孩子犯錯，一起討論、思考解決方法

常祝福孩子，說好話，提升孩子的自我肯定感

事件 10

前往災區

阿伯有如預言的一番話，讓小樹時刻謹記在心，每天一早起床的第一件事就是翻開未來事件簿，期待著顯字指示。

　　接連翻了幾天都沒動靜，終於，在第五天的早上，小樹翻開未來事件簿，赫然浮現出一幅地圖，對，真的是地圖，小樹左看右看，地圖中心看來像中部的某座山，他趕緊拍照記錄下來，心中盤算著要如何邀其他人一起行動，只剩不到半個月的準備時間實在有點匆忙。

　　上學路上，小樹一邊走著一邊想著心事時，剛好遇到綠色和平的環保行動招募，小樹當下心生一計，放學回家後，他馬上找了鄰居小龍哥，提出一個關懷送物資的想法，因為之前兩次事件，小龍非常信賴小樹，這時聽到可以回饋及幫助別人，他義不容辭的立馬答應負責開車。

　　小龍以同樣的計畫邀請表姊和表弟，已經痊癒的表姊除了再次向小樹致謝，姊弟倆也一口答應，在電話中還聽到姊弟倆熱烈討論著分工事宜。小樹既驚且喜，

事情竟進行得如此順利，心想著，神奇阿伯說他會安排一切，果然是真的呢。

就在此時，阿伯的聲音遠遠傳來：「小樹你很棒，因為有好的能量在流動，所以相同的能量會互相吸引彼此震盪喔，你們的狀態都很棒，加油！」

小樹被阿伯的一番話鼓舞，非常期待出發日期快快到來。


出發當日，小龍帶著幾箱水跟水杯，與小樹一起出發。想到要去山上，小樹感覺帶著來福應該會派上用場，於是二人一狗就驅車前往中部的路上，順道也去接梧湘表姊跟表弟。

見到兩姊弟，車上兩人嚇了一大跳，因為他們居然帶了成堆物資，有泡麵、餅乾、米、麵等等，至少十箱。小龍：「你們會不會太誇張呀？」梧湘笑答：「不是要去關懷送物資嗎？本來就應該把車子塞滿啊，才不會有空隙一路上撞來撞去啦。」

「也對也對，應該要塞好塞滿，哈哈！上車吧，我

來搬。」小龍大笑回應。

　　於是一整車的物資與四人一狗，就這樣滿懷著助人的心出發了。

　　一路上有說有笑，不知過了多久，眼前出現一座長長的橋，小龍驚訝地說：「這裡什麼時候蓋了這座橋？這麼長，從來沒看過也沒聽說過。」小樹往窗外看，真的像是在森林裡的一座彩虹橋，疾駛的車就像在橋上乘風飛翔，橋下是一條極為寬闊的河流，淌著藍綠色的水，倒映著山色天光，景致好美。

　　正在欣賞景色變化之時，車子開到了橋的盡頭，竟出現一座小小的村莊，大家回過神來，想休息一下停車伸伸腿，但一打開車門，空氣裡竟瀰漫著厚重的煙塵，這是怎麼回事啊，藍天都被煙塵給掩蓋住了，只見村莊內的幾戶人家一片狼籍，幾棵大樹倒下來擋住了道路，他們幾個合力好不容易把大樹給挪開了，看起來剛經過一場大地震吧，只見一間屋子全倒，三四間半倒，當下四個人都驚訝的說不出話來，聽覺這時變得敏銳起來，微風中送來微細的聲音好像在呼救，

來福第一個奔過去。

這是一處倒塌的水泥堆，牠四處嗅嗅，大力搖動尾巴，馬上吠了幾聲，小樹、小龍趕緊靠過去，「有人嗎？」一個虛弱的聲音回應著，兩人使出吃奶的力氣搬動水泥板，因為救人心念急切，原本極重的水泥竟被搬開了，只見一個受傷的小孩奇蹟般的躺在瓦礫堆裡，身旁一座櫃子剛好幫他擋下災厄，小孩伸出的手顫抖著，太好了他還活著，命真大，大家趕緊將孩子拉出來，抬到空地上，「快叫救護車。」

另一邊，梧湘走近一位身上血跡斑斑正在哭泣的婦人，只見她聲嘶力竭呼喊：「求求你們趕快救我的小孩！」梧湘安撫並環抱著她：「大家都在搶救了，一切都會沒事的，我們會盡全力幫忙，放心放心。」梧湘緊緊握住了她的雙手，希望能傳遞更多正向的力量，同時梧湘的弟弟也拿出了急救箱，幫婦人檢視傷口並擦藥。

小龍、小樹轉頭過來，在倒塌的牆垣邊救出婦人的孩子，馬不停蹄又跑去安慰半倒房屋的村民，有人受

到驚嚇有人輕傷，這時小龍使出了本事，幫忙按壓經絡，舒緩災民緊張與疼痛，小樹也趕忙去拿飲用水，一心想著受到驚嚇的人，該讓他們先喝點水壓壓驚吧。眼看孩子們哭著，要怎麼安撫呢，梧湘趕緊去取麵包，別讓孩子餓著了。

此時，小樹突然看到二伯夫妻出現了，他們怎麼跑來了？還來不及驚訝，二伯取出貨車上的板架，很快變身成擔架，從一間半倒屋裡抬出一個老人，「請救救我！我不能死。」氣若游絲的老人，混濁的眼神滿是驚恐與疲憊，二伯母在旁緊緊握著他發抖的手：「沒事了沒事了，你安全了。」

小樹瞥了一眼，這間半倒屋前的柱子上竟綁著一台古早的收音機，心想，這收音機綁得還真牢，房子都快全倒了，這老古董居然沒掉下來。

這時表哥初盛也出現在半倒屋的殘垣碎片堆上，嘎，他也來了！？初盛用探測儀在找尋是否還有生命跡象，他很專業地操作儀器，邊喊著：「還有人在裡面嗎？有人就大聲喊，請出聲喔！」有隻貓，尾巴被石塊壓

住了喵喵叫著，初盛救了牠。

　　後面遠遠地，來自四面八方都是認識的人，好巧大家都跑來了，小樹來不及一一打招呼，看見他們各自展現專長試圖救人，林山香跟吳小隊長站在半倒屋的前門，想進去看看是否有人困在裡面，正要拉開門，卻發現門上鎖了，山香說：「沒什麼能難倒我的！」馬上施展開鎖絕技，小隊長還不忘提醒：「別得意了，救人第一。」

　　這時，旁邊有個女孩聽到了他們的對話，顫抖著說：「開什麼門，家都沒了。」一整個被嚇壞的樣子，當下兩人面面相覷，甚是尷尬，於是山香趕緊對女孩說，「至少你還活著呀，跟我們一起進去看看有沒有人在裡面吧？」女孩愣愣地跟著進去，發現阿嬤躺在房門口，山香與小隊長趕緊蹲下查看老人家的氣息和脈搏，發現還有氣，於是三人合力抬出她，送去臨時搭建的救護站。

　　救護站的地上已經躺了一排的傷者，醫護人員根本忙不過來，一個大姐一直哀哀叫痛，鮮血從她大腿骨

折處冒個不停，不忍了，山香蹲下來想幫忙，第一個要止血，這簡單的包紮她學過，但四處找不到紗布和彈力包紮帶，臨機一動，咬牙把自己才剛買第一次穿出來的襯衫給脫了下來，當下撕成了一條條，那彈性剛剛好！於是一圈圈把大姐的腿給用力綁住，先止血才能做別的。

這時轉頭看見那小女孩也回神了些，正在阿嬤身邊餵阿嬤喝點水，山香想：「還好孫女只有輕傷，可以顧阿嬤，真是不幸中的大幸。」女孩放下杯子，跑過來，很怯弱卻又很勇敢的說：「我……我可以做什麼嗎？」

看著眼前這一切，小樹心底不禁細想，善的力量真的太偉大了！

小樹還看到大伯跟三姑各自帶著兒女也來了，他們也在災難現場協助幫忙搶救，還有四叔也帶著他的公益團隊在發放飲用水和食物，大家都盡心盡力，現場真是太溫馨了。

來福四處嗅聞，協助尋找傷者，大家也持續不停幫忙安撫與搬運傷者，同時也把物資拿去各處發放。

天色漸暗，救護車接連載傷者離去，四周也漸漸安靜下來。

不知已過了幾個鐘頭，此刻緊急時機已過，大家這才鬆懈下來，一下子疲累感湧了上來，小樹喊道：「來吧，休息一下，大家來喝水！」親友們都圍攏來，擦汗、喝水，大家都很驚訝會有這樣的巧合，只有小樹心裡有數，但他仍故作驚訝張口問道：「怎麼這麼巧？大家都是怎麼來到這的？」

初盛說：「我下班騎摩托車帶著探測儀器，奇怪的是不知不覺迷路了，經過一條長長的隧道，就到了這裡，我聽到哭喊聲，就下車趕緊救人了。」

二伯喃喃道：「我們本來開車要去姨媽家，要為她的遺澤親自向姨丈致謝，沒想到路過一座長橋，就到這裡了。也真是太巧了，讓我們來做救人的事，真的好幸運。」

山香緊跟著吳小隊長，他說：「我們想去咖啡豆的產地，再去找尋有機的農產品，後來聽到好多輛救護車往這邊跑，心想一定是什麼災難，就想說我們能否

幫忙，於是，我借了一部摩托車，載了山香就跟著救護車來了。」

小樹看著大家臉上滿是助人後的喜悅神情。無論信與不信，就直接去做了，這也提醒了自己，唯一能掌控自己的人，只有自己。

「我們都是有緣而來的，那你們做了之後，覺得怎麼樣？大家要不要來談一下，有什麼樣感受好嗎？」小樹在阿伯的指示下，引導眾人說出此刻感受。

山香感概的說：「只有活著，才能越過痛苦，我以前很不愛惜自己的生命真的很不應該，還好遇到了小樹與其他人才有現在的我。我本以為，我是世上最不幸的，沒有家的苦，沒人比我更苦，總覺得老天欠我一個家，這次，見證到的苦難，讓我覺得只要活著，就有無限可能，如果我還不知道感恩，不知足，那我就欠老天太多了。」

大家一陣默然。

「山香，妳真棒！」小樹舉起大拇指，對她比讚，大家也跟著豎起大拇指，只有梧湘默不作聲地落淚。

「梧湘表姊，那妳也說說好嗎？」

梧湘淚眼婆娑：「那位媽媽一直說為什麼不是我？為什麼是我的孩子？懊悔自己沒有當下救自己的孩子，我現在體會到，母親對孩子的愛是那樣的深刻，如果讓她失去孩子，那真的會是一生無法抹滅的痛。我想到父母對我的愛，感恩我的父母，我不能再任性地放逐自己，不能一直以自我為中心，要學習看到別人的傷痛了，我相信這是老天爺這次帶我們來這裡的目的，感謝小樹帶我們來。」

表弟也說：「很像經歷了一場戰爭，知道了生死是無法控制的，他們的慘狀讓我都忘了飢餓，能活著就得要善加利用生命，時間真的不允許空過，我有了很多的感受，真想再幫他們多一點。」

吳小隊長插話：「在這苦樂人間裡，雖然我們都不認識他們，但感覺想救他們的心都是一樣的，可見人的本性是善良的，都有人傷我痛的慈悲胸懷，這是絕對肯定的。」

二伯仰頭望天長嘆一聲，語調平靜：「愈想不開的

事愈需要去面對，其實人生沒什麼想不開的，只要找到解決人與事件問題的方案就行了，但是生死，是一去不回的，生命真的很珍貴，其他的都是庸人自擾，我終於體會到任何事都不應該輕易放棄。」

二伯母也頻頻點頭：「看到他們，我們感覺自己能活著是很幸福，已沒什麼好計較的了，我會給自己足夠的信心了。」

初盛當下也深有領悟地說：「人生有太多意外的事了，我本來以為摯愛的背叛，那是無法回頭，會讓我痛不欲生，活不下去的，我以為對愛的追求，是自我價值的肯定，但其實最珍貴的是生命，這才是無法回頭的，瞬息間不小心也會失去，生離死別，才是最大的痛，能多做一些助人的事，讓我體會到此生的價值與使命。」

小龍滿心感激：「我感覺有幫到傷患紓解了疼痛，當他回過頭來微笑地跟我道謝，那樣的感覺真好，有成就感，幫助別人能讓生命更有價值，我曾經差點因為意外丟了性命，剩下的人生就都來做幫助別人的事，

那是我對我的幸運的回報了。」

四叔不無感慨：「我逃過火車出軌意外，更要珍惜當下，把握時間，積極助人，看到大家合心協力一起救災，連狗狗來福都全力付出，真的很棒喔！」

三姑則充滿感性：「我們不小心來到這裡，不管誰都要經歷生與死，但是人的生死真是太難預測了，有些人救不了，連生命都來不及告急，能活著就很幸運了，不能再看人的缺點跟優點，要讓周圍的人每天都能過得歡喜，這才是人生的態度，我很感恩家裡的平安，回去要好好珍惜長輩們。」

「我今天看到老婆發自內心的善良，好美！」不知何時，三姑丈也出現了。

小樹與表弟志飛互望，眨眼微笑。小樹拍拍來福的頭，「你都聽到了，你也做了好事，下輩子，你一定可以投胎當人，再來當救人的人喔，很高興吧！」說完引起大家一陣開心大笑！

大家似乎都知道自己的目的地了，都覺得很神奇，

但不想再追問什麼，因為已有知覺當下的存在，是很珍貴，無需多言，能夠付出做好事真的很快樂，已不虛此行了。

「這場災難，是一種信念的增強法，賦予了大家的心某種新的力量，在人生的旅途上，不管境遇多麼艱難，相信大家會更有信心跨越，繼續邁步前進。」小樹睇望著那片並不存在的漆黑，似乎聽到阿伯布滿皺紋的笑臉在說著。

「小樹，當你在幫助別人，就是在幫助自己成長，你有體會了嗎？」

「是啊！我對未來充滿信心！只要腳踏實地，堅持不懈，以善為本，對的事做就對了，便會有超乎想像的力量源源而來，感恩阿伯！」小樹微微一笑，明白了自己生命體的心智，已完全不受時間與空間限制了。

「走吧，回家了，我們後會有期！」

大家同聲拍手，給彼此一個鼓勵與肯定！接著揮手互道珍重後，各自上車，不約而同地回望村莊，卻發現哪裡還有村莊，只有一片蓊鬱，大家雖很驚訝，但

都明白他們是穿越到另一時空去了，前後發生的事件與後續在心裡產生的影響，讓這群人對這一切充滿詫異卻又了然於心。

小樹回程時，想著有機會一定要向阿伯道謝，親友們參與的這一場救助讓每個人都有所學習，因為先前的被幫助而更願意在看到有需要的時候積極付出，真心替他們感到歡喜。

阿伯來自異次元的聲音此刻再次傳來，即使車上有四人，但只有小樹聽得到，「小樹聽我說，等一下我傳一張照片到你的手機裡，你就會明白為什麼今天安排大家到這裡來了。」

小樹打開手機收到一張照片，驚呼一聲，他看到曾曾祖父與阿伯及其他人合照，而背景就是在剛剛那間有收音機的房前。

阿伯接著說：「以前我就是跟你曾曾祖父在這裡一起伐木的，當年他幫了我，現在我將這些善的循環透過你的家族成員來擴大。」

小樹點點頭，心裡回覆阿伯，「會的，感恩曾曾祖

父當年的善行，也感恩您教給我們的功課，善的種子深根在我們心中，謝謝你為我們所做的一切。」

　　夜幕低垂，夜星閃耀在迷霧上方，陣陣輕風吹過，大家各自朝回家的路上緩緩而行，在人生的道路上，走的更不憂不懼了。

## 給自己來點正能量

我信賴生命的過程，帶給我美好的一切

我擁有正向看待問題的能力

我會欣賞周遭的美好，聚焦於進步

我能感恩與愛，讓我感受生命無限的美好

寫在書後

# 善的共振，讓世界更美好

從事教育工作三十年，早期只要把知識教會、教好，學生就會考好。但最近十年來，我發現要教好書，得先教好「心」，要教好「心」，得先養好自己一顆「好心」，因為沒有「好心」，就沒有好心情，就無法感知學生的關卡。課堂上若學生感受到被理解與被支持，那麼後面的課程就能進行得很順利。學生上課無法專注較長時間且讀題的理解有困難，相信這有一部分來自於學生不易靜下心讀書，因為現在的學生都是看影音長大的孩子。所以作者能夠寫出這樣有趣的書，把孩子帶進閱讀的世界，而且在閱讀中培養孩子「善」的能力，更帶入心靈教育，那真的是很棒的一念心。

　　要如何讓孩子有機會接觸到《魔法口罩@未來事件簿》？當然就是要買回家自己先看，看完再放在桌上，相信孩子會被你帶動，我記得每次有想讓兒女看的書，我自己會先看，然後放在家中明顯的位置，我發現他們都會去看，因為他們很好奇爸媽會看什麼書。我就在不知不覺中讓他們看了很多書。建議為人父母者不妨試試，或者也可嘗試不同方法，或許無形中就將閱

讀習慣帶到您家中。

科技越進步，學生們的智力是提升了，但情商卻是掉落的！大人們以為的愛，是真的愛嗎？讓他們只愛自己，也太小看他們的能量，多讓他們分擔家事，多積極參與家庭事務，才是發揮他們能力的開始。學校排名、競爭力才是最重要的嗎？只能說「比較」這件事最容易，但一個能與別人合作的人更是難得不是嗎？有的人遇到挫折就退卻甚至逃避，那都是因為平時的訓練不夠。那需要什麼樣的訓練呢？當然是發揮潛力的訓練，然而潛力在哪裡？人的潛力，就藏在你的善良裡。非常佩服作者，如此用心將人性中最重要的價值「善」以奇幻故事呈現，她點出何謂真正的快樂，是在行善助人中找到生命的意義與價值。

本書開頭提到，主角少年小樹的媽媽答應讓他養小狗來福，感覺媽媽是勉強答應的，但其實這是一種讓小樹不錯過生命恩典的選擇。執教多年，我會聽學生內在的聲音，不讓學生錯過上天的恩典與福氣，我常告訴他們心存善念定會有不同結局。書中小樹與小龍

都是起一念善心並做了善事，發揮救人的良能，阿龍更因為救人而改寫自己的命運，一念善行救了人，也讓自己躲過了意外，後來因緣際會更與小樹幫助了許多人。

書中口罩阿伯對小樹的指引，其實也是小樹自己內在感知力的發揮，指引他做出該做的事，做出更高智慧的決定。能量與身心靈的關係絕對是存在的，有正確的觀念，才能察覺自己的能量，覺察內心的指引，感知力與內心開放的程度正相關。在〈前往災區〉篇中，呈現出行善是大家共同想做的事，而且集眾人的力量投入救災，每個人的共同心念就是讓受苦者得救，無形中也告訴我們助人是需要群體的力量；也因此我們從中得知：不論遇到什麼事，都不會是困難的，因為總會因不同的人而有不同的結局。你的時間用在哪裡？你的成就就在那裡。人要知道自己可以喜歡很多事，而不是只知道自己討厭什麼、不要什麼，若只想耍廢，你會發現耍廢的生活沒有目標那才是累啊！

相信本書能帶給你力量，你肯定會在書中找到你自

己，也會充滿正能量的做你自己。本書不是只給青少
年看，成人的我們也年輕過，我們都能在書中療癒失
落的自己，找到美好的自己，老師及家長也可說給孩
子聽。讓自己活得更好，更明白，那社會就更好，你
會想看此書，一定是善的共振，讓我們一起走入書中
故事，接受自己的善與愛，共振出美好的能量。

**王悦枝**
數語全人教育中心執行長

# 魔法口罩 @ 未來事件簿

作　　者／林幸惠

文字協力／蕭毅君、胡毋意、吳琪齡、郭錦豐

發 行 人／王端正

合心精進長／姚仁祿

傳 播 長／王志宏

平面總監／王慧萍

叢書主編／蔡文村

叢書編輯／何祺婷

美術指導／邱宇陞

內頁排版／甯好工作室

出 版 者／經典雜誌

　　　　　財團法人慈濟傳播人文志業基金會

地　　址／台北市北投區立德路二號

電　　話／（02）2898-9991

劃撥帳號／19924552

戶　　名／經典雜誌

製版印刷／禹利電子分色有限公司

經 銷 商／聯合發行股份有限公司

地　　址／新北市新店區寶橋路 235 巷 6 弄 6 號 2 樓

電　　話／（02）2917-8022

出版日期／2022 年 11 月初版

定　　價／新台幣 300 元

國家圖書館出版品預行編目 (CIP) 資料

魔法口罩 @ 未來事件簿 / 林幸惠著 . -- 初版 . -- 臺北市 :
經典雜誌，財團法人慈濟傳播人文志業基金會 , 2022.11
　208 面 ;　15*21 公分

ISBN 978-626-7205-13-6( 平裝 )

1. 青少年 2. 小說 3. 親子成長 4. 心靈勵志

863.59　　　　　　　　　　111017949

小樹系列
Little Trees